Rohkost Rezepte

Die besten Rohkost Rezepte für ernährungsbewusste Menschen. Ausstattung, Lebensmittel, Frühstück, Salate, Hauptspeisen, Suppen und Desserts. Inklusive Einführung in die Rohkosternährung für Einsteiger.

Cooking Club

Inhaltsverzeichnis

Einleitung 1

Gründe für Rohkosternährung 9

Geschichte der Rohkost 14

Ausstattung: Mixer, Dörrgerät, Keimgerät,
Spiralschneider, Gärtopf 17

Lebensmittel 28

Fermentierte Rezepte 34

Frühstücksoptionen 39

Salate, Suppen und Brot 50

Hauptspeisen 60

Desserts 83

Einleitung

Eine tolle Gurkensuppe mit Nüssen und Alfalfasprossen, ein Hamburger aus frischen Sprossen mit Samensoße und ein Dessert aus Mandeln, Himbeermus und frischer Minze – wer hätte vor Jahren noch gedacht, dass Rohkost mal mit Gourmetessen und gehobener Kulinarik verbunden sein könnte? Und doch ist es so! Nicht nur die gesundheitsbewussten Menschen unter uns, sondern auch Gourmets aus aller Welt gewinnen der Rohkostküche heutzutage sehr viel ab. Und sie entwickelt sich immer weiter. Quasi alle normalen Gerichte lassen sich zu rohen Gerichten verarbeiten. Das ist nicht nur gesünder, sondern geht auch tausendmal einfacher und schneller.

Was steckt nun hinter dieser quasi sagenumwobenen Rohkost? Rohkost setzt auf echte Lebensmittel, die nur in der Natur vorkommen: Samen, Nüsse, Wildkräuter, Blattgrün, Salat, Gemüse und Obst stehen im Mittelpunkt. Rohkost bedeutet, die verwendeten Lebensmittel nicht über 42 Grad Celsius zu erhitzen. Dadurch sollen alle wichtigen Vitamine und Nährstoffe erhalten bleiben. Und es ist wirklich so, dass beim Kochen und Erhitzen in Wasser bei den meisten Lebensmitteln die Nährstoffe verloren gehen. Die meisten Nährstoffe, vor allem Wichtige, wie Vitamin C und Folsäure, reagieren äußerst empfindlich auf die hohen Temperaturen. Ihre positive Wirkung auf unseren Stoffwechselprozess und die Erhaltung unserer lebenswichtigen Körperfunktionen reduzieren sich.

Die Vorteile von Rohkost

Sie denken jetzt vielleicht, dass Rohkost automatisch vegetarisch oder vegan bedeutet. Doch das muss nicht immer der Fall sein! Es gibt auch Rohköstler, die Rohmilchkäse, Eier und selbst rohes Fleisch und Fisch zu sich nehmen. Vielleicht denken Sie auch, dass diese Ernährungsform sehr langweilig ist. Wie soll das denn gehen, ohne erhitzen, braten, frittieren oder backen, etwas Schmackhaftes und Abwechslungsreiches herbeizuzaubern? Aber gerade bei der Rohkostküche wird mit ungewöhnlichen Lebensmitteln gearbeitet, die zur Herstellung der frischen Köstlichkeiten umfunktioniert werden. Hauptgerichte, Suppen, Aufstriche, Torten und andere Desserts werden vor allem aus Keimlingen, Sprossen, gekeimtem Getreide und Pseudogetreide sowie Hülsenfrüchten, Nüssen und Samen hergestellt.

Diese Lebensmittel enthalten sehr viel wertvolles Eiweiß und viele wichtige Ballaststoffe. Auch das langsame Trocknen bei niedrigen Temperaturen ist möglich. So entstehen tolle Gemüsechips und frisches Trockenobst. Die Lebensmittel dürfen weiters gekühlt und fermentiert werden, woraus beispielsweise Rohkostküchlein oder Rohkostsauerkraut hergestellt werden. Selbst Rohkostbrot und geschmackvolle Getränke, wie Pflanzenmilch können aus Samen hergestellt werden.

Die Vielfalt von Rohkost ist unglaublich facettenreich. Wenn Sie sich etwas Zeit für diese tolle und innovative Küche nehmen, werden Sie sich sicher auch von den unzähligen Möglichkeiten und Geschmacksvarianten verzaubern lassen. Die Lebensmittel, die verarbeitet werden, sind vor allem Obst, Gemüse, Blattgrün, Wildkräuter, Pilze und gekeimte Getreidesorten oder Hülsenfrüchte sowie Samen und Nüsse.

Den meisten Menschen, die zu Rohkost kommen, geht es um eine Verbesserung ihres (angeschlagenen) Gesundheitszustands oder einer Reduktion ihres Gewichts. Da vor allem auf frische Produkte gesetzt wird, und das unter gleichzeitiger Ausschaltung von den westlichen Dickmachern, wie Fett und Zucker, bietet diese Ernährungsform tatsächlich viele gesundheitliche Aspekte.

Im deutschsprachigen Raum ist es geradezu aus der Mode gekommen, die empfohlene Mindestmenge von fünf Portionen Obst und Gemüse am Tag zu essen. Haben Sie beispielsweise gewusst, dass der durchschnittliche Deutsche oder Österreicher 20 % für Obst und Gemüse und 80 % für Fleisch, Geflügel, Milchprodukte, Eier, Käse und Getreideprodukte ausgibt? Wir leben in einer Welt der Fertiggerichte, des Fast Foods und der schnell zubereiteten Mahlzeiten. Gerade hier ragt die Rohkost mit einem frischen Angebot an Obst, Gemüse, Nüssen und Samen, Pilzen und gekeimten Getreidesorten und Hülsenfrüchten heraus. All diese Produkte überstrahlen mit der Farbenvielfalt der Obst- und Gemüsesorten die grauen Farben und geschmackliche Langeweile der vorgewürzten Gerichte.

Strenge Rohköstler trinken nur Wasser. Sie können jedoch gerne auch auf gesunde Getränke setzen, um etwas Abwechslung zu haben. Vorstellbar sind bis auf 42 Grad erwärmte Kräutertees, bis auf 42 Grad erwärmter Bohnenkaffee oder selbst hergestellte Gemüse- oder Fruchtsäfte ohne Zucker. Auch selbst hergestellte Pflanzenmilch lässt sich sehr gut verwenden, um geschmackliche Abwechslung bei den Getränken zu haben.

Wahre Rohköstler ernähren sich nicht nur so nebenbei von Rohkost, sondern es stehen bei ihnen dreimal pro Tag Gerichte aus nur rohen Zutaten auf dem Tisch. Rohköstler schwören auf die gesundheitlich positiven Aspekte dieser Ernährungsweise. Als interessierter Leser müssen Sie nicht so weit gehen. Sie können die Rohkostgerichte hin und wieder in Ihren Speiseplan einbauen. Es liegt auf der Hand, dass frische und knackige Lebensmittel wirklich Lebensmittel sind, die unserem Körper viele Vitamine und Nährstoffe geben und uns gesund halten.

Am besten ist es, nicht 100 % auf Rohkost zu setzen, sondern auf maximal 70 % Rohkost, wenn Sie sich rohköstlich ernähren wollen. Manche Nahrungsmittel können nicht roh verzehrt werden oder gewinnen mit dem Erhitzen erst an Nährstoffen. Gemüse mit ein wenig Wasser gedünstet ist dabei die beste Methode. Menschen mit einer Fruktoseintoleranz sollten die Rohkost wohl eher meiden. Wenn

Sie noch nicht wissen, wie gut Sie Rohkost vertragen, so können Sie mit Smoothies zum Frühstück anfangen: Das sind selbst gemischte Getränke mit Pflanzengrün und Obst als Basis. Wenn Sie diese gut vertragen, so können Sie sicher auch andere Rohkostspeisen verzehren.

Die Zubereitung der Gerichte braucht bei Rohkost wesentlich weniger Zeit als von gekochten Mahlzeiten, denn das Aufwärmen, Kochen und Hantieren mit Herdplatten und Backöfen fällt weg. Rohköstler verwenden Hochleistungsmixer, Dörrgeräte, Keimgeräte und Spiralschneider. All das sind Küchengeräte, die „Normalsterbliche" selten in ihren Haushalten haben. Natürlich müssen Sie sich nicht alle diese Geräte kaufen, falls Sie nur hin und wieder Rohkostgerichte auftischen wollen. Es gibt für jedes dieser Geräte auch eine Alternative. Sie sollten sich jedoch zumindest einen Hochleistungsmixer zulegen, denn gerade in der Rohkostküche werden viele Nüsse und Samen verarbeitet. Diese sind mit einem Pürierstab oder Haushaltsmixer oft langwierig zu knacken. Und mit Hochleistungsmixern werden Sie Ihre Mahlzeiten im Nu auf den Tisch zaubern.

Wie Sie Nährstoffmängel vermeiden

Vor allem dann, wenn Sie sich lange fehlernährt haben, stark übergewichtig sind oder eine Krankheit haben, sollten Sie sich ausreichend Zeit für die Umstellung auf die rohen Lebensmittel geben. Legen Sie nicht sofort mit einem 70-%-Rohkostanteil auf Ihrem Speiseplan los, sondern tasten Sie sich lieber Schritt für Schritt an diese Menge heran. Damit überfordern Sie Ihren Körper nicht.

Wenn Sie sich vor der Umstellung auf die Rohkosternährung schon vorher weitgehend gesundheitsbewusst ernährt haben, können Sie auch gleich mit einem 70-prozentigen Rohkostanteil in Ihrer Ernährung beginnen. Sie sollten trotzdem auf Blähungen oder Beschwerden wie Blähbauch achten. Zumeist entstehen sie durch eine falsche Kombination der Lebensmittel. Achten Sie darauf, dass Ihre Gerichte aus maximal fünf Hauptzutaten bestehen und nicht falsch miteinander kombiniert sind.

Gesundheitliche Probleme in Zusammenhang mit einer Rohkosternährung treten meistens dann auf, wenn Sie sich nicht gut über die Rohkost informieren.

Halten Sie sich bei der Rohkosternährung immer eine Grundregel vor Augen:

Unser Körper braucht viele Kohlenhydrate, ausreichend Eiweiß und wenig Fett.

Die meisten Menschen, egal welcher Ernährungsform sie folgen, sind sehr gut mit Kohlenhydraten versorgt. Bei der Ernährung aus rohen Lebensmitteln geht es nun darum, dass Sie sich die Art der Kohlenhydrate ab jetzt gut ansehen. Es gibt einfache und mehrkettige Kohlenhydrate, die sich verschieden schnell auf den Anstieg unseres Blutzuckerspiegels auswirken. Die Komplexen sind dabei vorteilhafter, weil unser Blutzuckerspiegel bei der Nahrungsaufnahme und Verarbeitung dabei nur langsam ansteigt. Wir sind dadurch länger satt und fühlen uns ausgeglichener. Vor allem enthalten Gemüse, Blattgrün, Wildkräuter, Avocados, Pilze und gekeimtes Getreide oder gekeimte Hülsenfrüchte diese guten Kohlenhydrate. Die in Wildkräutern und sehr dunkelgrünem Blattgrün enthaltenen Bitterstoffe wirken sich ebenfalls stabilisierend auf den Blutzuckerspiegel aus. Vor allem in grünen Smoothies (etwa zum Frühstück oder als Zwischenmahlzeit) machen sich in der Rohkostküche sehr gut als vollwertige und blutzuckerfreundliche Optionen.

Schmeckt Ihnen Obst sehr gut, vor allem das eher Süßliche, oder genießen Sie gerne Trockenfrüchte, so achten Sie darauf, dass Sie gleichzeitig weniger Fett oder Öl dazu essen. Obst und Fett werden nicht gleich schnell verdaut. Die gleichzeitige Aufnahme von Nahrungsmittel, die sie enthalten, kann zu Verdauungsbeschwerden führen. Außerdem liegt durch eine höhere Fettaufnahme eine dickere Fettschicht auf den Zellwänden. Die Kohlenhydrate der Obstsorten, der sogenannte Fruchtzucker, können so nicht gut aufgenommen werden, und es kommt zu stärkeren Blutzuckerschwankungen.

Unter rohköstlichem Fett sind Samen, Nüsse, Avocados, Rohmilchkäse sowie Pflanzenölsorten zu verstehen. Der Fettanteil sollte täglich bei unter 10 % liegen, damit Ihr Stoffwechsel bestens funktioniert. Das heißt natürlich nicht, dass Sie kein Obst mehr essen können. Achten Sie nur darauf, dass Sie sehr süßes Obst oder Trockenfrüchte nicht mit zu viel Fett kombinieren. Die besten Obstsorten sind generell alle Arten von Beeren.

Wenn Sie vorher sehr viel Eiweiß aus tierischen Quellen wie Fleisch, Geflügel, Fisch und Eiern zu sich genommen haben, so informieren Sie sich gut über eiweißreiche rohe Lebensmittel. Darunter fallen vor allem Blattgemüse, Spinat, Grünkohl, alle Arten von Samen und Nüssen sowie gekeimter Buchweizen, Quinoa und Amarant. In die Rohkost dürfen Sie sogar Rohmilchprodukte (wie Butter oder Rohmilchkäse) und tierisches Eiweiß in roher Form einbauen: Beispielsweise sind rohe Eier, luftgetrockneter Wildlachs, luftgetrocknete Salami, roher Fisch (wie Sashimi), Austernkapseln, Fischeier, Lebertran, kalt geräucherter Lachs oder Hering erlaubt.

Um gesunde Zellen aufzubauen, brauchen wir neben qualitativ hochwertigem Eiweiß in kleinen Mengen auch die sogenannten gesättigten Fettsäuren. Olivenöl, Leinöl, Butter und Lachs sind hier für Rohköstler die besten Fettlieferanten.

Informieren Sie sich auch gut über Vitamin B12. Vitamin B12 kommt vor allem in tierischem Eiweiß vor. Das einzige pflanzliche Lebensmittel, das es in geringen Mengen enthält, ist Sauerkraut. Sie sollten bei einer 70-%-Rohkost-Ernährung am besten hin und wieder mit Vitamin B12 supplementieren. Diese Präparate können Sie in jeder Apotheke in Pulver-, Kapsel- oder sogar Sprayform kaufen. Bei Vitamin-B12-Mangel können Anämie, Blutmangel, Depressionen und sogar Demenz entstehen. Die Schäden sind oft unumkehrbar.

Einige weitere Nährstoffe, mit denen Rohköstler oft unterversorgt sind, sind Vitamin A, Riboflavin (Vitamin B2), Niacin (Vitamin B3), Eisen, Zink, Kalzium und Jod. Achten Sie hier besonders auf eine ausreichende tägliche Abdeckung, die regelmäßig über dem empfohlenen Tagesbedarf liegt.

Vitamin A ist nur in tierischen Lebensmitteln enthalten. Unser Körper kann es in geringen Mengen beispielsweise aus pflanzlichen Lebensmitteln wie Möhren, die es stark enthalten, in kleinen Mengen selbst herstellen. Die Empfehlung für Vitamin A liegt bei 0,8 mg pro Tag. Am besten nehmen Sie es über Lebertran, Eigelb, Fisch oder Rohmilchkäse zu sich.

Die Zufuhr von Vitamin B2 sollte bei 1,1 - 1,4 mg pro Tag liegen. Lebensmittel, in denen es in guten Mengen vorhanden ist, sind: Leber, Mandeln, Avocados, Bananen, Spinat, Brokkoli, Grünkohl, Mangold, Rosenkohl, Erbsen, alle Pilzsorten, Vollkornbrot, Hafer, Weizenkeime, Buttermilch und Käse, Makrele, Sardine, Aal, Zander, Scholle, Hering, Ente, Gans, Huhn, Hammel, Kalb, Rind und Schwein.

Die tägliche Eisenaufnahme sollte bei 15 mg pro Tag liegen. Generell gelten mageres Fleisch, Fisch, Vollkornprodukte, Hülsenfrüchte und Spinat als die besten Eisenlieferanten. Die gleichzeitige Einnahme von Vitamin C kann die Aufnahme von Eisen in den Körper begünstigen. Deshalb empfiehlt sich zu eisenreichen Lebensmitteln das Trinken von Orangen- oder Apfelsaft.

Bei Zink ist der normale Tagesbedarf mit 7 mg angesetzt. Lebensmittel mit hohem Zinkanteil sind Eier, Vollkornprodukte, Hülsenfrüchte, Nüsse, Trockenfrüchte, Kakaopulver und Fleisch. Die in Samen und Getreide enthaltene Phytinsäure kann die Aufnahme von Zink blockieren. Deswegen sollten Sie alle Samen zuerst keimen, um die Säure abzubauen.

Der empfohlene Tagesbedarf an Kalzium liegt bei 1000 mg. Lauch, Fenchel, Sojamilch, Feigen, Brokkoli, Grünkohl, Vollkornbrot und Nüsse sowie kalziumreiches Mineralwasser sind sehr gute Lieferanten.

Bei Jod liegt der normale Tagesbedarf bei 200 µg. Gute Jodlieferanten sind alle Arten von Fischen, künstlich jodiertes Salz, Feldsalat, Champignons, Shiitakepilze, Grün- und Weißkohl, Endivien, Erdnüsse, Cashewkerne, Kürbiskerne und Leinsaat, Quinoa und Haferflocken, Vollkorngetreide und Spirulina- und Chlorellapulver.

Überblick über die Vor- und Nachteile von Rohkost

Vorteile der Rohkost	Nachteile der Rohkost
die Mehrheit der Gerichte lässt sich unter 10 Minuten in Sekunden Schnelle zubereiten	Küchengeräte wie Hochleistungsmixer, Dörrgeräte, Spiralschneider oder Keimschalen sollten angekauft werden
ausreichende Abdeckung mit Obst und Gemüse	bei manchen Menschen treten Darm- und Verdauungsbeschwerden auf
gute Abdeckung mit Vitaminen, wichtigen Nährstoffen und vor allem Ballaststoffen	Gefahr eines Mangels an Vitamin A, Riboflavin (Vitamin B2), Niacin (Vitamin B3), Eisen, Zink, Kalzium und Jod
wenig Zucker, wenig ungesundes Fett	Gefahr eines Eiweißmangels
Wasser	Schwangere, Stillende, Kinder und Teenager sowie Menschen mit Fruktoseintoleranz sollten Rohkost nicht im Übermaß essen

Gründe für Rohkosternährung

Viele Menschen denken, dass zumindest zwei warme Mahlzeiten am Tag notwendig für unser Gesundbleiben sind bzw. nur Gekochtes uns für uns gut ist und gesund hält. Üblicherweise sind wir vom Marketing der großen Nahrungsmittelhersteller durch Werbung und Produktbeschreibungen sehr manipuliert. Wir können uns nicht vorstellen, dass natürliche und unbehandelte Lebensmittel gut schmecken oder gesund sind.

Doch genau das Gegenteil ist der Fall: Rohkost hilft uns dabei, gesünder, vitaler und energiegeladener durchs Leben zu gehen!

Bei einer Rohkosternährung werden die verwendeten Lebensmittel entweder gar nicht oder auf maximal 42 Grad Celsius erwärmt. Das wird entweder deswegen gemacht, um die Gerichte zu trocknen (Rohkostbrot, Rohkostcracker, Gemüse- oder Obstchips, Trockenfrüchte ...) oder um sie zu erwärmen (Suppen, Hauptspeisen ...). Die 42-Grad-Grenze wird dabei als das Limit angesehen, bei dem in den meisten Lebensmitteln die wichtigen Nährstoffe und Vitamine gerade noch erhalten bleiben. Durch diese Methode bleibt in den Nahrungsmitteln auch der Wasseranteil enthalten, der die Nährstoffe erhält.

Ein Blick in die Geschichte der Menschheit

Seit Anbeginn der Zeit hat die Menschheit als Jäger und Sammler in der Natur immer nach Wildkräutern, Wurzeln, Blattgrün, Beeren, Nüssen und Samen gesucht. Die Lebensmittel wurden frisch geerntet und auch sofort verzehrt. Gerade der sofortige Verzehr hatte einen hohen Nährstoffgehalt zur Folge. Den Lebensmitteln wurde nicht durch längeres Lagern oder Aufbewahren durch Sauerstoff, Licht oder Hitze ihre Nährstoffe entzogen. Es wurde uns deshalb als Menschheit sozusagen in die Wiege gelegt, ohne Kochen auszukommen. So sind wir als Menschen auch mit unseren Zähnen und unserem Verdauungsapparat programmiert: Unsere Zähne können sehr leicht pflanzliche und rohe Lebensmittel zerkleinern und kauen. Bei Gekochtem wird das schon schwieriger. Unser Darm ist auf die Verdauung von Rohem ausgelegt. Gekochtes, vor allem tierisches Eiweiß, liegt uns sprichwörtlich „schwer im Magen": Es braucht viel länger, um verdaut zu werden.

Erst mit der Entdeckung des Feuers erlernten die Menschen über viele Jahrzehnte und Jahrhunderte hinweg die Technik des Kochens. Sie suchten sich ab nun die gleichen pflanzlichen Produkte, aber lagerten sie länger. Die Menschen wussten, dass sie sie auch noch später, nicht mehr frisch, zu Mahlzeiten verarbeiten konnten. Doch Pflanzen reagieren instabil auf Kälte, Hitze, Licht oder Sauerstoff. Sie verlieren an Nährstoffen. Durch die Technik des Erwärmens werden ihnen noch weitere Nährstoffe entzogen. Beim Kochen mit Wasser gehen die meisten Vitamine sogar ins Kochwasser über. Doch es ist nicht immer so, dass Kochen automatisch Nährstoffverlust bedeutet. Bei einigen Wirkstoffen werden sie durch das Kochen erst aufgeschlüsselt. Dabei handelt es sich aber um sehr wenige natürliche Lebensmittel.

Mit dem Kochen wurde es auch möglich, tierische und andere, komplexere pflanzliche Lebensmittel in den Körper aufzunehmen. Es war schwieriger, tierische Produkte zu bekommen, weil die Menschen jagen und die Tiere erlegen mussten. Das war oft mit vielen Stunden Arbeit verbunden. Fleisch war etwas sehr Seltenes auf den Tellern dieser Jäger- und Sammlerkulturen. Der Magen und Verdauungsapparat der Menschen gewöhnte sich über viele Jahrhunderte daran, *kleine* Mengen an tierischem Eiweiß aufzunehmen und zu verarbeiten.

Mit der Bewirtschaftung von Feldern und dem Erlernen von Saatentechnik konnten die Menschen auch Getreide- und Pseudogetreidesorten herstellen. Doch das war wie das Jagen und Erlegen von Tieren mit sehr viel und oft monatelangem Aufwand verbunden: Der Ackerboden musste vorbereitet, die Felder bestellt, die Saat ausgesät, umsorgt und begossen werden. Dazu kam noch der Schutz gegen Insekten und die Erntezeit. Diese Lebensmittel mussten, wie tierische Produkte lange zubereitet werden. Die meisten Getreide- und Pseudogetreidesorten können erst nach 20 bis 30 Minuten Kochen verzehrt werden.

Fehlentwicklungen nach dem Zweiten Weltkrieg

Nach dem Ende des Zweiten Weltkrieges wurden viele Bauernhöfe, die immer biologisch gearbeitet hatten, zu Produktionsstätten umgebaut. In ihnen wurden nun riesige Mengen an Getreide, Fleisch, Geflügel und anderen Produkten hergestellt. Dabei wurden die Felder mit chemischen Substanzen gedüngt und die Tiere mit Kraftfutter gemästet.

Die Nahrungsmittelindustrie hielt seit dieser Zeit kräftig mit. Die Marketingteams der großen Konzerne schafften es, uns erfolgreich ihre immer tolleren Produkte aufschwatzen. Diese bestehen eigentlich aus inhaltsleeren Versprechen. Viele „moderne" Produkte, wie industriell hergestelltes Weißbrot, weißer Zucker oder weißer Reis sind „tote Lebensmittel": Sie enthalten keine einzigen Nährstoffe, die einen Mehrwert für unseren Körper oder unsere Gesundheit haben. Dafür enthalten sie viele Kohlenhydrate, die uns dick machen und unserer Gesundheit sogar abträglich sind.

Dazu kamen in den letzten 40 Jahren auch noch Fertiggerichte, die von den Nahrungsmittelproduzenten als „modern", „funktional" und „zeitgerecht" angepriesen werden. Wir können sie in fünf Minuten in der Mikrowelle zu einem schmackhaften Gericht verwandeln. All diese Lebensmittel führen jedoch dazu, dass wir (vor allem in der westlichen Welt) immer dicker und ungesünder werden. Der Grund dafür ist, dass wir übersäuern. Diese Nahrungsmittel enthalten nämlich viele unnatürliche Stoffe, wie Farb- und Aromastoffe, Geschmacksverstärker,

Emulgatoren, Konservierungsstoffe und E-Nummern, die unser Körper nicht mehr richtig verarbeiten kann. Unsere Organe kommen mit der Verarbeitung dieser fremden Substanzen nicht mehr zurecht. Wir bekommen Karies, Leberprobleme, leiden unter Mineralstoffmangel, ausfallenden Haaren und schwachen Nägeln oder fahler Haut. In den schlimmsten Fällen entwickeln sich bei uns die typisch modernen Krankheiten wie Übergewicht, Intoleranzen, Diabetes oder Herz-Kreislauf-Störungen.

Zurück zu den Wurzeln seit Beginn des 20. Jahrhunderts

Ärzte und Ernährungsgurus haben uns jedoch seit Beginn des 20. Jahrhunderts die Anfänge der Menschheit, unsere Gebiss- und Verdauungsstruktur sowie die Vorteile einer natürlichen und rohen Ernährung in Erinnerung gerufen. Die Rohkost liefert uns Nährstoffe, die wir einfach verdauen können. Somit unterstützt sie unseren Stoffwechsel optimal.

Mit Rohkost sind wir nicht übersäuert und werden (meistens) nicht krank. Die in der Rohkost enthaltenen Nährstoffe helfen uns dabei, unseren Organismus automatisch gesund zu halten. Wir fühlen uns fit, vital und energiegeladen. Die größere Energie rührt daher, dass wir unseren Verdauungsapparat nicht mit den Lebensmitteln belasten, die wir uns erst über Jahrhunderte zu essen antrainieren mussten: Fleisch und Getreideprodukte. Außerdem ist die Rohkostküche zeitgemäßer als die Fertiggerichte: Die meisten rohköstlichen Mahlzeiten können innerhalb von 15 Minuten frisch hergestellt werden.

Sofern wir auch sonst gesund leben, werden wir sicher nie krank oder übergewichtig. Wenn Sie rauchen, regelmäßig große Mengen an Alkohol trinken oder viele Medikamente einnehmen, so wird die Rohkost höchstens ein schwacher Versuch bleiben, Ihren Körper gesund zu halten. Halten Sie sich vor Augen, dass alles, was Sie in

Ihren Körper aufnehmen, auch zu ihm wird. Nikotin, Alkohol und Medikamente übersäuern den Körper genauso wie überzuckerte und künstliche Nahrungsmittel und Getränke.

Sich diese Zusammenhänge bewusst zu machen, ist der erste Schritt, um die Vorteile der Rohkostküche zu erkennen.

Längere Rohkosternährung und ihre Auswirkungen

Wenn Sie sich über einen längeren Zeitraum rohköstlich ernähren und dabei auf die anderen erwähnten Faktoren achten, so wirkt sich das in vieler Weise positiv auf Ihren Gesundheitszustand aus:

- Sie werden sich bei Ihrem Ideal- oder Wunschgewicht einpendeln.

- Sollten Sie an Nahrungsmittelallergien oder Intoleranzen leiden, so werden diese sich verringern.

- Sofern Sie auf die Formel „viele mehrkettige Kohlenhydrate, ausreichend Eiweiß und wenig hochwertige Fette" schwören, sind Sie optimal mit Vitaminen und Ballaststoffen versorgt. Sie werden sich energiegeladener und fitter fühlen.

- Einige Krankheitsbilder und gesundheitliche Probleme werden sich verringern oder ganz verschwinden (Karies, Übergewicht, Diabetes ...).

Geschichte der Rohkost

Die Rohkost ist nicht erst in den letzten Jahren von Promiärzten oder Prominenten als Wundermittel zur Heilung von Krankheiten, Verjüngung, Entschlackung oder zur Gewichtsreduktion „entdeckt" worden. Immer schon haben sich Menschen mit der positiven gesundheitlichen Wirkung der ungekochten Nahrung beschäftigt.

Der Mensch hat seit Anbeginn der Zeit in der Natur nach Wurzeln, Kräutern, Blättern, Pflanzengrün, Beeren, Früchten und Nüssen gesucht. Wir sind im Grunde als Rohköstler auf den Planeten Erde gekommen. Das Kochen wurde als Zubereitungsmethode erst um ca. 400.000 v. Chr. mit der Entdeckung des Feuers erfunden, war aber natürlicherweise nicht automatisch auf der Welt.

Aus den alten Kulturen ist bekannt, dass Pythagoras in Griechenland eine Gruppe von vegetarischen Schülern um sich hatte. Er soll seine Studenten gebeten haben, Fleisch und Fisch aus dem Speiseplan zu verbannen und sie aufgefordert haben mehr Gemüse zu essen. Einer seiner Schüler, Hippokrates, soll vor allem rohes, veganes Essen verzehrt haben. Auch in der Priesterkaste in Indien, den Brahmanen, hat es immer schon eine lange vegetarische Tradition gegeben. Dies spiegelt sich heute in ganz Indien wider: Es hat global gesehen den höchsten Anteil an Rohköstlern, Veganern und Vegetariern.

Im Mittelalter ist der bekannteste Vorreiter der Rohkost wohl Leonardo da Vinci gewesen, der sich einige Zeit mit dieser Art von Ernährung beschäftigte.

Nach ihm wurde es für einige Jahrhunderte still um die Rohkost.

Entstehung und Verbreitung von Rohkostwissen im 20. Jahrhundert

Vor allem zu Beginn des 20. Jahrhunderts veröffentlichten viele europäische Ärzte und Wissenschaftler zum Thema Rohkost und Heilung von Krankheiten Publikationen und Bücher. Teils, weil sie sich selbst erfolgreich geheilt hatten, teils aufgrund der Erfolge, die sie bei ihren Patienten beobachten konnten.

Dr. Max Bircher-Brenner bekam seine Gelbsucht mit einer stark auf Rohkost basierten Ernährungsweise in den Griff und gründete eine Klinik in Zürich. In dieser half er anderen Menschen bei der Heilung ihrer Krankheiten. Eines seiner Bücher ist ein Klassiker unter den Rohkostpublikationen. Dr. Arne Gerson war der Arzt Albert Schweitzers, den er mit einer stark rohköstlichen Ernährungsform von Diabetes geheilt hatte. Der Deutsche Arnold Ehret heilte seine für unheilbar angesehene Bright-Krankheit durch Fasten und einer Ernährung, die auf Obst basierte. Nachdem er sich geheilt hatte, verbreitete er sein Wissen zuerst in Europa und eröffnete dann Kliniken in der Schweiz und in Kalifornien. Der indische Politiker Mahatma Gandhi ernährte sich ebenfalls für einige Zeit von Rohkost. Norman Walker gilt als Erfinder des modernen „Juicing", der Kunst, durch selbst hergestellte Gemüse- und Obstsäfte gesund zu bleiben, und bestimmte Krankheiten zu behandeln. In den 1920-er Jahren eröffnete er in Kalifornien die erste Saftbar der Welt. Seine Bücher sind unter den Rohkostanhängern sehr beliebt. 1930 entdeckte Dr. Paul Kouchakoff, dass beim Verzehr von gekochtem Essen im Körper Toxine gebildet werden.

1968 gründeten Ann Wigmore und Viktoras Kulvinskas in Boston das „Hippocrates Health Institute", wo sie Menschen mit rohen Lebensmitteln von unterschiedlichen Krankheiten heilten. Ann Wigmore gilt als „die Mutter des lebendigen Essens" und hat vor allem die heilende Wirkung von frischem Weizengrassaft verbreitet.

Viktoras Kulvinskas veröffentlichte 1975 einen Rohkost-Bestseller. 1994 eröffnete der bekannte Rohköstler und Koch Julian Brotman das erste Rohkostrestaurant in Los Angeles, das mit Gourmet-Rohkost-Essen aufwartet.

Seither sprießen solche Restaurants überall auf der Welt wie Pilze aus dem Boden. Gesundheitsbewusste Köche schreiben Rohkost-Bestseller. Es gibt keinen Fernsehsender mehr, der nicht zumindest einen Starkoch in seinen Reihen hat, der ab und zu Gourmet-Rohkost-Gerichte zubereitet.

Rohkost ist in den letzten Jahren wirklich in aller Munde.

Sie sehen dabei: Rohkost ist kein moderner „Trend" des letzten Jahrzehnts. Seit Jahrhunderten gibt es Menschen, die die Vorteile dieser Ernährungsweise erkannt und damit Beschwerden und Krankheiten behandelt haben.

Ausstattung: Mixer, Dörrgerät, Keimgerät, Spiralschneider, Gärtopf

Im Grunde brauchen Sie keine speziellen Geräte für das Herstellen von Rohkostgerichten. Sie können alle Mahlzeiten ganz einfach mit Ihrer normalen Ausstattung an Küchen- und Haushaltsgeräten zubereiten. Doch manchmal soll es etwas schneller gehen, und dann würden Sie sich sicher einen der folgenden Helfer herbeiwünschen.

Die Geräte, die für Rohköstler unter „must have" fallen, sind ein Hochleistungsmixer, ein Dörrgerät und ein Keimgerät. Falls Sie auch Säfte selber herstellen wollen, können Sie zusätzlich noch auf einen Entsafter oder eine Saftpresse setzen. Um Gemüsenudeln schneller zuzubereiten, können Sie statt eines Messers auch einen praktischen Spiralschneider kaufen. All diese Geräte sind nicht sehr teuer. Überlegen Sie sich, welche Art von Gerichten Sie öfter zubereiten wollen. Sollen es mehr Desserts aus Nüssen und Samen oder Soßen für Gemüse sein? Dann passt ein Hochleistungsmixer wohl am besten.

Wollen Sie hin und wieder Brot, Pizza, Cracker, Trockenfrüchte und anderes herstellen? Dann legen Sie sich einen Dörrautomaten zu, um nicht Ihr Backrohr verwenden zu müssen. Wollen Sie vor allem knackige Salate und frische Suppen zubereiten? Hier können Sie für die Sprossen ein Keimgerät kaufen und Ihre Keimlinge selbst zu Hause herstellen. Das geht schneller als mit ausgewaschenen Marmeladegläsern. Wollen Sie Brottrunk, Sauerkraut oder andere fermentierte Lebensmittel bei sich zu Hause herstellen, so geht das natürlich in einem Schraubglas. Schneller hergestellt und hygienischer sind sie aber mit einem Gärtopf.

Hochleistungsmixer

Zu Hochleistungsmixern wird deswegen geraten, weil Sie in der Rohkostküche sehr viele Samen, Nüsse und gekeimte Getreide- oder Pseudogetreidesorten verarbeiten und diese etwas hart zu knacken sind. In einem normalen Haushaltsmixer oder mit dem Pürierstab würden Sie erstens sehr viel länger zur Herstellung der Gerichte brauchen, und zweitens würde Ihr Gerät wahrscheinlich über kurz oder lang seinen Geist aufgeben und möglicherweise durchbrennen.

Fragen Sie beim Kauf auf jeden Fall nach, ob Ihr „Auserwählter" auch Nüsse und Samen zerkleinern kann, und eine sehr scharfe Klinge hat, sodass Sie sich beispielsweise Ihre eigene Pflanzenmilch zu Hause zubereiten können.

Wichtige Kriterien bei der Auswahl sind die Drehzahl, die Leistung und die Messerqualität. Prüfen Sie auch nach, dass der Behälter nicht aus Plastik oder anderen Materialien, sondern aus Glas ist. Dadurch werden im Kontakt der Lebensmittel mit dem Plastik keine Giftstoffe freigesetzt werden. Glas lässt sich zudem auch schnell und einfach reinigen, und das Spülmittel geht nicht in das Material über.

Dörrgeräte

Für die Herstellung von Brot, Pizza, Crackern und Müsliriegel können Sie sich einen Dörrautomaten zulegen. Auch für Gemüsechips oder Trockenobst eigenen sich diese Geräte sehr gut. Natürlich klappt die Herstellung dieser Snacks und Gerichte auch, wenn Sie sie in Ihrem Backofen zubereiten. Doch die meisten Backherde haben die niedrigste Stufe bei mindestens 50 Grad Celsius und backen damit für die Rohkost zu heiß. Sprich, die Nährstoffe, die in der Rohkostküche gerade erhalten werden sollen, gehen mit der heißeren Temperatur verloren.

Ein Dörrgerät funktioniert dabei wie ein Backofen mit Umluftfunktion: Sie legen die gewünschten Lebensmittel auf ein Dörrgitter, schieben es in das Gerät hinein und die erwärmte Luft trocknet die Nahrungsmittel. Da die maximale Temperatur bei 42 Grad Celsius liegt, dauert dieser Prozess meistens mehrere Stunden. Im Gegensatz zu Ihrem normalen Backofen können Sie bei einem Dörrgerät die Temperatur besser kontrollieren. Außerdem verbrauchen diese Geräte beim Trocknen nicht so viel Energie wie der Backofen.

Einige Dörrautomaten arbeiten auch mit Infrarotstrahlen. Hier erwärmen Infrarotwellen die Lebensmittel, was erstens schonender und zweitens sehr viel schneller ist.

Überlegen Sie sich vor dem Kauf, welche Ansprüche Sie an das Gerät haben. Dörrautomaten gibt es in jeder Größe. Wollen Sie regelmäßig Brot oder Trockenobst herstellen, so lohnen sich größere Geräte. Die Zeitregelung sollte individuell einstellbar sein. Die Temperaturregelung sollte flexibel sein und nicht nur 42 Grad erlauben. Einige der Automaten sind etwas lauter. Viele der gedörrten Produkte liegen für einige Stunden, also auch in der Nacht, auf dem Gitter. Greifen Sie daher zu Geräten, die leise arbeiten oder einen sogenannten Nachtmodus haben. Die meisten Dörrapparate sind mit Dörrgittern ausgestattet und die meisten Produkte passen auch gut auf sie, um sie zu trocknen. Wollen Sie jedoch kleinere Lebensmittel dörren, so sollten Sie auch spezielle Dörrfolie dazukaufen.

Keimschalen/Keimgeräte

Bei den Keimgeräten haben Sie ebenfalls eine große Auswahl an verschieden großen Modellen und Formen. Sprossen und Keime lassen sich auch in einem ausgespülten Marmeladeglas herstellen, doch auch hier ist der Prozess etwas umständlicher. Die Keimgeräte sind außerdem nicht teuer, können gut gereinigt und gelagert werden.

Das Lebensmittel wird im Keimgerät in Wasser sowie einer bestimmten Menge an Sonnenlicht herangezogen. Beim Keimgut sollten Sie auf jeden Fall immer auf die beste Qualität setzen. Im Fachhandel finden

Sie die besten Ausgangsprodukte, sodass Sie die Pflänzchen ohne Probleme bei sich zu Hause selbst ziehen können.

Die daraus gezogenen Keime und Sprossen sind sagenhafte Kraft- und Vitalpakete, denn sie beinhalten Mineralstoffe, Vitamine und Eiweiße, die unserer Gesundheit sehr gut tun. Sie können sie aus grundsätzlich allen möglichen Keimsaaten ziehen: Alfalfa, Mungobohnen, Radieschen, Brokkoli, Kresse ... Ihrer Fantasie sind hierbei keine Grenzen gesetzt. Sehen Sie sich doch mal im Fachhandel um, welche Sorten gerade erhältlich sind. Scheuen Sie sich nicht, auch Neue auszuprobieren.

Einweichen ist sehr einfach: Keimsaat, Hülsenfrüchte, alle Getreidesorten, Pseudogetreide, Samen und Nüsse müssen vor der Verwendung immer über Nacht in der zweifachen Menge Wasser eingeweicht werden, um weiterverwendet werden zu können. Es geht darum, Schmutzpartikel zu lösen und die für uns nicht besonders bekömmlichen Substanzen herauszulösen. Liebhaber halten sich oft an sogenannte Einweichzeiten oder -tabellen, die je nach Lebensmittel variieren. Daumen mal Pi können Sie jedoch das Lebensmittel über Nacht in der doppelten Menge Wasser einweichen.

Das Lebensmittel wird über Nacht in der zweifachen Menge an Wasser eingeweicht. Am nächsten Tag wird das Einweichwasser abgespült, und das Nahrungsmittel wird mit Wasser noch einmal gründlich abgespült. Erst dann kann man es zum Kochen verwenden

Sie können Ihre Keime und Sprossen grundsätzlich immer zu jedem Gericht dazu servieren oder „darunter streuen": Besonders in Salaten und Suppen machen sie sich gut. In der Rohkost werden auch gekeimte Getreide-, Pseudogetreidesorten sowie Hülsenfrüchte verwendet.

Füllen Sie am ersten Tag gerade so viel Wasser hinzu, dass das zu keimende Lebensmittel davon gut bedeckt ist. Lassen Sie das Keimgerät über Nacht stehen. Am nächsten Morgen gießen Sie das

Einweichwasser ab und spülen das Keimgut nochmals gut ab. Dann geben Sie es ohne Wasser zurück in das Keimgerät und stellen es sonnengeschützt an einen lauwarmen Ort. Während der nächsten Stunden spülen Sie das Keimgut zwei- bis dreimal mit frischem Wasser nach. Sie benetzen es nur. Bei einigen Sorten können Sie bereits nach einem Tag die ersten Sprossen sehen, bei einigen anderen kann es bis zu vier Tage dauern.

Die Keimsaaten kauft man am besten im Fachhandel und lagert sie in einem eher kühlen und trockenen Raum in luft- und wasserdichten Behältern. Sobald die Sprossen fertig gekeimt sind, können Sie sie im Kühlschrank mehrere Tage aufbewahren. Bei der Zubereitung können Sie die Keime entweder knackig frisch oder beispielsweise auch auf 42 Grad erwärmt verwenden. Beides ist erlaubt, zudem sind beide Varianten gesund und schmecken gut!

Warum keimen Rohköstler Lebensmittel?

Zum Ersten geht es darum, mehr Abwechslung im Speiseplan zu haben. Gekeimte Lebensmittel können zu Suppen, Salaten, Brot, Burgern und Füllungen verarbeitet werden. Zum Zweiten wissen Rohköstler, dass die Keime und Sprossen sehr viele wichtige Vitamine und Nährstoffe enthalten. Gerade wenn Sie sich zu 70 % von Rohkost ernähren wollen, ist der tägliche Verzehr von größeren Mengen an Keimen und Sprossen sehr wichtig. Dadurch bleiben Sie gesund, weil die Pflänzchen viel Eiweiß und Ballaststoffe sowie gleichzeitig wenig Fett und wenig Zucker enthalten.

Es ist auch wichtig zu wissen, dass Getreidesorten und Pseudogetreidesorten sowie Hülsenfrüchte die sogenannte Pytinsäure enthalten. Diese Säure bindet Mineralstoffe aus der Nahrung, die der Körper dann nicht mehr zur Verfügung hat. Deshalb muss sie durch eine geeignete Methode reduziert oder eliminiert werden. Das geschieht durch das Einweichen und Keimen, wo sie weitgehend abgebaut wird. Amarant kann sehr gut gekeimt werden und wird von den meisten Menschen als Sprosse sehr gut vertragen.

Bei Quinoa verhält es sich etwas anders: Das Pseudogetreide enthält sehr viele Bitterstoffe (Saponine), die von wenigen Menschen vertragen werden. Der Handel reinigt und säubert die Quinoa für den Verzehr schon vor. Auch beim Keimen kann es sein, dass Sie mit Bauchschmerzen oder Durchfall darauf reagieren. Sollte das bei Ihnen der Fall sein, lassen Sie Quinoa einfach weg und keimen lieber Amarant oder Buchweizen. Buchweizen ist sehr gesund, doch viele Menschen vertragen ihn nicht. Durch das Keimen verbessert sich die Verträglichkeit sehr.

Falls Sie sich an genaue Keimzeiten halten möchten, so können Sie die folgende Tabelle als Anleitung hernehmen:

Keimgut	Einweichzeit	Spülen/Tag	Keimdauer in Tagen
Azukibohnen	12 Stunden	2 – 3x	4
Alfalfa	5 – 6 Stunden	2 – 3x	7
Amarant	0	2 – 3x	1 – 4
Bockshornklee	5 – 8 Stunden	2 – 3x	10
Brokkoli	0	1 – 2x	6
Buchweizen	30 Minuten	2 – 4x	2 – 3
Dinkel	6 – 12 Stunden	2 – 3x	2 – 3
Erbsen	6 – 12 Stunden	4x	3
Gerste	6 – 10 Stunden	2 – 3x	1 – 2
Hafer	1 – 5 Stunden	2 – 3x	1 – 2
Hirse	5 – 8 Stunden	2 – 3x	1 – 4
Kamut	6 – 12 Stunden	2 – 3x	2 – 3
Kichererbsen	12 Stunden	4x	3 – 4
Kresse	6 Stunden	2x	2 – 3

Rohkost Rezepte

Keimgut	Einweichzeit	Spülen/Tag	Keimdauer in Tagen
Kürbis	7 – 16 Stunden	3x	2 – 3
Leinsamen	4 – 12 Stunden	4x	2 – 3
Linsen	7 – 10 Stunden	3x	3
Mungobohnen	12 Stunden	2 – 3x	3 – 6
Quinoa	2 – 4 Stunden	3 – 5x	1 – 4
Radieschen	0	2x	3
Reis	12 – 24 Stunden	2 – 3x	1 – 3
Rettich	0 – 4 Stunden	3 – 4x	2 – 3
Roggen	6 – 12 Stunden	2 – 3x	2 – 3
Rucola	0 – 6 Stunden	1 – 2x	5 – 6
Senf	0 – 6 Stunden	1x	2 – 3
Sesam	4 – 6 Stunden	2x	2
Sojabohnen	12 Stunden	4x	3 – 4
Sonnenblumenkerne	6 – 12 Stunden	2 – 3x	2 – 3
Weizen	6 – 12 Stunden	2 – 3x	2 – 3

Spiralschneider/Spiralizer

Wollen Sie sich öfter Gemüsezoodles auf den Tisch bringen, so ist es sicher besser, sich eines der folgenden Geräte zu kaufen. Sonst müssten Sie mühselig und zeitaufwendig mit einem scharfen Messer oder einem Gemüsehobel arbeiten.

Wenn Sie nur einmal im Monat Gemüsenudeln herstellen wollen, können Sie auch manuelle Gemüseschäler kaufen. Sie sollten am besten aus Metall sein, damit Sie sie hygienisch und schnell reinigen können. Schäler aus Plastik greifen sich nicht gut an, man rutscht ab, und sie schneiden nicht so gut wie jene aus Metall. Die Nudelarten, die Sie mit den Gemüseschälern herstellen können, reichen von breiten

Bandnudeln bis zu dünneren Nudeln. Gerade für Menschen, die noch nie Gemüsenudeln gegessen haben, wäre dieser Schäler eine gute und preiswerte Einstiegsmöglichkeit.

Bei der zweiten Option, Spiralschneidern in Sanduhrform, sind die Schneideklingen fest im Gerät integriert und lassen sich daher nicht austauschen. Die zwei Klingen sind dünn und dick, um unterschiedliche Nudeln und Formen zu erzielen. Sie geben das Gemüse in eine Öffnung, drehen dann und schieben per Hand nach. Der Prozess der Nudelherstellung dauert somit sehr lange. Daher sollten sich nur Menschen, die auch die nötige Geduld haben, solche Schneider zulegen. Bei diesen Geräten passen leider auch dickere Gemüsesorten wie Kartoffel oder rote Rüben nicht in den vorgefertigten Trichter/Behälter. Sie sind eher für dünne Sorten, wie Karotten oder Sellerie geeignet. Und die Sanduhrschneider sind auch etwas aufwendiger zu reinigen, weil Sie für die Klingen eine Spezialbürste brauchen.

Spiralschneidermodelle ohne Kurbel sind die beste Option, wenn Sie Gemüsenudeln hin und wieder essen: Sie sind preiswert, platzsparend, einfach zu reinigen und können schnell verwendet werden. Allerdings erfordern sie mehr Kraftaufwand, denn Sie halten dabei den Schneider in der Hand und drücken die ausgewählten Gemüsesorten mit der Hand oder dem Daumen gegen die Klingen des Schneiders. Die Handhabung muss auch erst mal ein bisschen geübt werden, denn erst mit gleichmäßigem Druck erzeugen Sie gleichförmige Nudeln.

Leider besteht bei diesen Geräten Verletzungsgefahr, weil man mit den bloßen Fingern direkt an den Klingen der Messer arbeitet. Bei den Modellen sollten Sie auf darauf achten, wie rutschfest sie sind: Stehen sie gut auf der Arbeitsplatte, oder verrutschen sie? Da man das Gemüse und Obst gegen die Klingen drückt, ist es hier besonders wichtig, dass das Gerät nicht unabsichtlich verrutscht. Diese Modelle haben meistens keine Auffangbehälter, sodass es manchmal auf der Arbeitsfläche etwas unsauber werden kann.

Spiralschneider mit Kurbel sind etwas teurer und größer als die Modelle ohne Kurbel. Mit einer Handkurbel dreht man das Gemüse durch das Gerät und muss somit keine Kraft mehr aufwenden. Das Gemüse wird dabei zwischen der Kurbel und der Klinge aufgespießt und eingespannt. Die Spaghetti und Nudeln zaubern sich praktisch wie von selbst. Diese Spiralschneidermodelle legen Sie sich am besten zu, wenn Sie die Gemüsenudeln mehrmals die Woche oder sogar täglich genießen möchten. Weil sie automatisch funktionieren, besteht auch keine Verletzungsgefahr, und man kann auch Kinder zum Nudeldrehen ranlassen.

Die meisten Geräte haben außerdem eine breite oder große Einfüllöffnung, sodass auch dickere und größere Sorten hineinpassen. Man kann mittels eines Stopfers die Sorten supereinfach nachschieben. Da sie schwerer sind, müssen sie stabil stehen und sind daher meistens mit nicht verrutschbaren Gummifüssen ausgestattet. Meistens haben sie auch noch mehr als zwei Messereinsätze, sodass tolle Gemüsefäden, Spaghetti oder Nudeln in unterschiedlichen Formen und Variationen entstehen können.

Gärtopf

Vor der Erfindung des Kühlschranks oder der Gefrierfächer legten Menschen schon seit vielen Jahrhunderten Gemüse aller Art in Gläsern ein, um es haltbar zu machen, und beispielsweise über den Winter zu lagern.

Gemüse zu fermentieren hat sehr viele positive gesundheitliche Wirkungen. Im deutschsprachigen Raum ist das wohl am verbreiteste Gericht Sauerkraut, das aus Weißkohl fermentiert wird. Grundsätzlich kann jede Gemüsesorte milchsauer vergärt, also fermentiert, werden. In eingelegtem Gemüse vermehren sich Milchsäurebakterien und somit wird es haltbar gemacht. Das Haltbarmachen und Gären gibt ihm den unverwechselbaren sauren Geschmack.

Sie sollten dafür immer rohes Gemüse als Ausgangsprodukt verwenden.

Bei der Verdauung arbeiten in unserem Darm verschiedene Mikroorganismen zusammen, um die Nahrung zu zerkleinern, und ins Blut zu transportieren. Ist der Darm gesund, so ist auch unser ganzer Körper gesund. Viele äußere Umweltfaktoren wirken sich in der heutigen Zeit negativ auf unsere Darmflora aus, wie Stress, Konservierungs- und Aromastoffe, zu viel Zucker, zu viel tierisches Eiweiß, zu viele schlechte Fette, Medikamente und Fertignahrung.

Dazu kommen noch Alkohol und Nikotin. Durch die Einwirkung dieser Stoffe übersäuern wir nicht nur, sondern auch die Mikroorganismen in unserem Darm verringern sich. Andere Substanzen bilden sich und das Darmgleichgewicht ist verzerrt. Gerade milchsauer vergorene Lebensmittel können beim Aufbau der guten Mikroorganismen wieder helfen.

Statt im Schraubglas geht das Fermentieren im Gärtopf sehr viel schneller: Bei diesen Töpfen füllen Sie den Behälter erst einmal mit dem Lebensmittel Ihrer Wahl. Danach setzen Sie den Deckel darauf. In den nächsten Tagen findet der Gärprozess des Lebensmittels statt und die Gase treten über eine Rinne des Topfs aus. Die Rinne wird immer feucht gehalten. Gleichzeitig wird so auch das Eindringen von frischer Luft verhindert. Das sind also optimale Fermentierungsbedingungen.

Alternativ können Sie zum Fermentieren Ihrer Gemüsesorten auch ein einfaches Schraubglas nehmen. Dieses muss erst einmal sehr gut gespült und gereinigt werden. Bei den Gläsern ist der Nachteil, dass sie manchmal durch eine zu große Menge an Lebensmitteln zu voll gefüllt sind und ein Überdruck in den Gläsern entsteht. Besser ist es, den Deckel jeden Tag kurz etwas zu öffnen, damit der Überdruck entweichen kann.

Bei der Zubereitung gehen Sie so vor, dass Sie das Ausgangslebensmittel erst einmal in sehr dünne Streifen schneiden. Danach pressen Sie händisch oder mit einem Küchengerät so viel des Gemüsesaftes aus, wie Sie nur können. Nun legen Sie das Gemüse in den Gärtopf oder in Ihr Einmachglas. Dabei sollten Sie alles gut festdrücken, damit sich zwischen den Gemüseschichten kein Sauerstoff bilden kann. Nach oben hin lassen Sie etwas Raum frei. Der Topf oder das Glas sollte nicht überfüllt sein. Zum Schluss gießen Sie den Behälter noch mit Wasser zu, bis das Gemüse vollständig bedeckt ist.

Legen Sie nun noch eine schwere Einlage oder einen speziellen Fermentierbeschwerungsstein darauf, um alles gut zusammenzudrücken und schließen ihn gut ab. Den Topf oder das Glas lassen Sie an einem wärmeren sonnengeschützten Ort so lange stehen, bis Ihnen das eingelegte Gemüse gut schmeckt. Die meisten Sorten gären ungefähr eine bis vier Wochen. Im Kühlschrank aufbehalten verlangsamt sich durch die Kälte der Gärprozess.

Lebensmittel

Rohkost wird von seinen Anhängern auch gerne als „Vitalkost" bezeichnet. Die verwendeten Lebensmittel sind natürlich vorkommende und unverarbeitete Nahrungsmittel. Sie können pflanzlichen oder tierischen Ursprungs sein. Die pflanzlichen Lebensmittel überwiegen dabei. Doch dabei ist roh nicht gleich gesund. Denn auch bei Rohkost sollte auf eine einfache Grundformel geachtet werden:

wenig Fett und wenig Früchte

Warum ist das so wichtig? Wenn Menschen viel Fett und viele Früchte gleichzeitig konsumieren, verursacht das Verdauungsbeschwerden und andere gesundheitliche Probleme. Der Körper sollte gut mit Kohlenhydraten, ausreichend Eiweiß und wenig Fett versorgt werden. Das gilt bei allen Ernährungsformen. Dabei kann uns der Körper gut mit einem stabilen Blutzuckerspiegel versorgen. Wir fühlen uns „wohl in unserer Haut", vital und energiegeladen. Ein Übermaß an Fett und Früchten bedeutet zu viel Fette und zu viel Zucker.

Das sind oft Rohköstler, die viele Bananen, Datteln und Nüsse verputzen, gleichzeitig aber keine Energie haben oder sogar unter Gesundheitsproblemen leiden. Sehr süßes Obst enthält die einfachen Kohlenhydrate, die unseren Blutzuckerspiegel schneller ansteigen lassen. Dadurch werden wir „unrunder" und unausgeglichener. Wenn Sie nun Banane mit Datteln und Nüssen essen, etwa in Form eines Rohkostküchleins, so kann die Kombination Fruchtzucker mit Fett zu Blähungen, Blähbauch und zu Verdauungsstörungen führen. Obst wird nämlich schneller als Fett verdaut und im Verdauungsapparat ist das keine gute Mischung. Bei Obst sollten Sie auch im Auge haben, dass Hybridsorten wie kernlose Wassermelonen oder Trauben stark überzüchtet und nicht mehr natürlich sind.

Rohkost Rezepte

Es ist wahr, dass hochwertige Fette in Nüssen und Samen enthalten sind. Sie machen uns zudem lange satt und sind wegen ihrer Nährstoffe Nahrung für das Gehirn. Trotzdem enthalten sie sehr viel Fett und sollten daher nicht den Hauptteil der Rohkosternährung bilden. Ein bis zwei Handvoll Nüsse oder Samen pro Tag sollten die normale Menge darstellen. Ein Rohkostdessert – beispielsweise ein kleines Stück Rohkostkuchen – enthält diese Menge bereits. Bei den Nüssen und Samen sollten Sie beim Kauf auch auf die Verarbeitung achten: Kaufen Sie am besten immer die naturbelassenen Produkte, die nicht erhitzt, gesalzen oder mit Dampf aufbereitet werden.

Die besten Lebensmittel bei der Rohkost sind – wie auch bei normaler Ernährung – frisches Blattgrün, Wildkräuter, Salate, Beeren, Gemüse, Pilze, Avocados, Sprossen und Samen. Diese sollten auch bei einer Rohkosternährung den Hauptteil der Nahrung bilden. Dazu können Sie dann etwas Obst, Nüsse und Samen oder daraus zubereitete Gerichte essen.

Auch bei der Rohkosternährungsform sollten Sie darauf achten, wann Ihr Sättigungsgefühl eintritt. Rohkost bedeutet nicht automatisch, dass Sie ab jetzt alle erlaubten Lebensmittel in sich bis zum Umfallen hineinstopfen können. Es geht darum, dass Sie gesünder werden und sich vitaler und energiegeladener fühlen. Der Verdauungsapparat wird durch diese Ernährungsform weitgehend entlastend. Belasten Sie ihn also nicht durch Unmengen an Nahrung. Wenn Sie sich von den vorteilhaften Gruppen wie Pflanzengrün, Gemüse, Pilzen und gekeimten Saaten ernähren, wird sich außerdem schnell ein hohes Sättigungsgefühl einstellen.

Achten Sie auch darauf, dass Sie einige Lebensmittel gar nicht roh essen können, weil sie sonst Ihren Körper vergiften oder Beschwerden auslösen.

Sehen wir uns also eine kurze Übersicht an, was Sie roh verzehren sollten, roh in Maßen genießen sollten und welche Lebensmittel roh überhaupt nicht genossen werden sollten:

Ja zu roh	In Maßen roh	Nein zu roh
Wildkräuter	rohe Eier	
Pflanzengrün	roher Lachs	
Sprossen & Keimlinge	Nüsse & Samen	
Gemüse	Avocados, gedörrte Gemüsechips, Spinat, Mangold	Auberginen, unreife Tomaten
Champignons, Shiitake, Austernpilze		Kartoffeln, andere Pilzsorten
gekeimte Hülsenfrüchte		Hülsenfrüchte
gekeimtes Getreide		Getreide
Obst mit hohem Wasseranteil	zuckerhaltiges Obst & Trockenfrüchte	Rhabarber, Hybridfrüchte
Stevia	Honig, Kokosblütensirup	

Es mag Sie überraschen, dass Sie Blumenkohl, Topinambur, Zucchini, Spargel, Kohlrabi, Kürbis, Rote Bete, Brokkoli oder Fenchel in rohem Zustand essen können. Sie können auch alle Kohlarten roh essen, doch für die meisten Menschen ist Kohl in rohem Zustand schwer verdaulich. Deswegen ist zu geringen Mengen an Kohl bei Rohkost geraten, etwa in Form von Wrap-Blättern, um die Füllung einzuhüllen. Süßkartoffeln können ebenfalls roh verzehrt werden, weil sie keine Kartoffeln im echten Sinne sind.

Doch es gibt einige Lebensmittel, die Sie nie roh essen sollten: Auberginen, Kartoffeln und unreife Tomaten enthalten roh den Giftstoff Solanin. Sie sollten immer ausreichend gar gekocht werden. Manche Menschen vertragen die meisten Pilzsorten in rohem Zustand nicht. Die am besten verträglichen Sorten sind Champignons, Shiitake- und Austernpilze. Hülsenfrüchte enthalten Phaseoline, die Bauchschmerzen und Erbrechen auslösen können. Sie sollten immer für mindestens 20 Minuten gekocht werden. Getreidesorten können ebenfalls nicht roh gegessen werden. Rhabarber enthält Oxalsäure und sollte nie roh verzehrt werden. Spinat und Mangold enthalten diese Säure ebenfalls, können in kleinen Mengen jedoch roh verzehrt werden.

Lebensmittel, die etwa 30 % des Speiseplans ausmachen können	Lebensmittel, die auf ein Minimum reduziert werden sollten
gekochte Kartoffel	weißer Zucker
gekochtes Gemüse	Weißmehl
gekochte Hülsenfrüchte	weißer Reis
gekochtes Getreide & Pseudogetreide	raffiniertes Salz
gekochtes Fleisch, Fisch & Geflügel	pasteurisierte Milch & daraus hergestellte Produkte
gekochte Eier	
Vollkornprodukte	
Kräutertees, Bohnenkaffee	
Pflanzenmilch	
Käse, Naturjoghurt	
gekochte Fleischersatzprodukte	

Im Zusammenhang mit weißem Zucker, Weißmehl, weißem Reis, Salz und Milch spricht man auch von den „fünf weißen Giften". Zucker besteht aus „leeren Kalorien" und bringt unseren Blutzuckerspiegel außer Rand und Band. Übermäßige Aufnahme von Zucker führt zu Diabetes, Karies, Osteoporose, Anämie und Herzerkrankungen. Ein gesünderer Ersatz sind Honig oder das, unter den Rohköstlern sehr beliebte, Stevia. Weißmehl fehlt leider die Getreideschale und es enthält damit keine wertvollen Nährstoffe mehr. Es ist schwerer verdaulich als Vollkornmehl und enthält weniger Ballaststoffe als Letzteres.

Weißer Reis erhöht den Blutzuckerspiegel, denn seine Kohlenhydrate sind die Einfachen, die schneller in das Blut gelangen. Er wird geschält und verliert eine Menge an Vitaminen und Makronährstoffen, die eigentlich in der Schale enthalten sind. Eine gesündere Alternative ist brauner Reis oder Wildreis. Meersalz besteht aus mehr als 92 Mineralien und das verarbeitete Produkt enthält raffiniert nur Natrium und Chlor. Deswegen hat es keinen Mehrwert und führt zu gesundheitlichen Problemen. Setzen Sie besser auf Meersalz.

Das Pasteurisieren von Milch verändert die Struktur der Milchproteine und tötet gute Bakterien ab, die in der Rohmilch vorhanden sind. Die beim Pasteurisieren verwendeten hohen Temperaturen verringern den Anteil der Vitamine C, A, B6 und B12. Regelmäßiges Trinken von Milch ruft Allergien, Verstopfung, Diabetes und erstaunlicherweise Osteoporose hervor. Besser ist es, auf ungesüßte Pflanzenmilch zu setzen.

Dazu kommt logischerweise noch eine Liste der „unerwünschten" Lebensmittel, die nicht in der Natur vorkommen. Sie sind meistens industriell hergestellt und bieten uns keinen gesundheitlichen oder funktionellen Mehrwert. Selbst wenn Sie nicht zu 70 % auf Rohkost umsteigen, sollten Sie diese Lebensmittel so weit als möglich aus Ihrem Speiseplan verbannen, um langfristig gesund zu bleiben:

Lebensmittel, die nicht verzehrt werden sollten
Fertiggerichte
Paniertes Fleisch, Geflügel oder Fisch
Industriell hergestellte Fette oder Öle: Margarine, Mischöle, Bratfette ...
Industriell erzeugte Süßungsmittel
Industriell hergestellte Milchprodukte: Joghurt, Pudding, Eis, Cremes, Quark, Sahne, Schlagsahne, Crème fraîche, Milchschnitten ...

Weißmehlprodukte: Knabbergebäck, Kuchen, Gebäck ...
Soßen, Dressings, Mayonnaisen
Fruchtsäfte, Gemüsesäfte, Limonaden, Energygetränke
Alle Nahrungsmittel mit E-Nummern, Aroma- und Farbstoffen oder Geschmacksverstärkern

Fermentierte Rezepte

Sie können im Grunde alle Gemüsesorten milchsauer vergären. Die in Wasser oder Salzwasser fermentierten Lebensmittel unterstützen vor allem unsere Darmflora und versorgen Sie mit guten Mikroorganismen. Sie sollten auf jeden Fall öfter die Woche auf fermentierte Speisen setzen, selbst wenn Sie sich nur hin und wieder von Rohkost ernähren möchten. Auch fermentierte Getränke, wie Kombucha oder Kefir sind der letzte Schrei unter den Rohköstlern: Sie haben genau so viele positive gesundheitliche Wirkungen, wie die Gerichte.

In diesem Rezeptteil stellen wir die gängigsten Rezepte vor: sowohl Nationale als auch Internationale. Trauen Sie sich ruhig über die ausländischen Gerichte drüber: sie schmecken genau so gut, wie die Heimischen. Die vergärten Speisen sollten am besten mindestens eine, bis mehrere Wochen fermentiert werden. Kosten Sie regelmäßig davon, um festzustellen, ob Ihnen der Geschmack schon gut genug ist, oder Sie noch warten möchten.

Sauerkraut

1 Kopf Weißkohl, ohne Strunk, in feine Streifen geschnitten

5 EL Salz

10 EL Wacholderbeeren

5 EL Kümmel

500 ml Wasser

In einer Schüssel alle Zutaten gut miteinander vermischen.

Das Gemüse nun in den Gärtopf oder in die Einmachgläser füllen. Gut festdrücken, mit Wasser befüllen und mit einem Stein oder einer

Einlage beschweren. Den Deckel darauf geben oder festschrauben und bei Raumtemperatur für mindestens eine Woche fermentieren lassen.

Gewürzgurken

1 kg kleine Gurken

4 Knoblauchzehen, gepresst

1 Handvoll frischer Dill, fein gehackt

10 Wacholderbeeren

3 EL Salz

1 l Wasser

Das Gemüse abwechselnd in den Gärtopf oder in die Einmachgläser füllen. Gut festdrücken, mit Wasser befüllen und mit einem Stein oder einer Einlage beschweren. Den Deckel darauf geben oder festschrauben und bei Raumtemperatur für mindestens eine Woche fermentieren lassen.

Fermentierter Rotkohl

3 kg Rotkohl, ohne Strunk, fein geschnitten

3 rote Zwiebeln, fein gehackt

3 Äpfel, entkernt, geraspelt

1 Möhre, geschält, geraspelt

1 Prise Salz

Den Rotkohl in einer Schüssel mit etwas Salz ziehen lassen.

Das Gemüse abwechselnd in den Gärtopf oder in die Einmachgläser füllen. Gut festdrücken, mit Wasser befüllen und mit einem Stein oder einer Einlage beschweren. Den Deckel darauf geben oder festschrauben und bei Raumtemperatur für mindestens eine Woche fermentieren lassen.

Kimchi

1 Stück Chinakohl, ohne Strunk, in feine Streifen geschnitten

5 EL Salz

200 ml Wasser

1 Stück weißer Rettich, ohne Stielansatz, fein gehobelt

1 Möhre, ohne Stielansatz, fein gehobelt

3 Frühlingszwiebeln, ohne Stielansatz, fein gehackt

1 Zwiebel, fein gehackt

8 Knoblauchzehen, gepresst

1 EL frischer Ingwer, fein gehackt

30 ml Sojasoße

5 TL Chilipulver

5 TL Paprikapulver

300 – 500 ml Wasser

Alles Gemüse in einer Schüssel etwas salzen und für ein bis zwei Stunden ziehen lassen. Der Kohl sollte dabei weich werden und aus dem Rettich sollte viel Wasser entzogen werden.

In einem Hochleistungsmixer die Zwiebeln, den Knoblauch und den Ingwer zu einer Paste herstellen. Dann die Sojasoße, das Chilipulver und das Paprikapulver dazugeben. Das Gemüse mit diesem Dressing übergießen. Wieder kurz ziehen lassen.

Das Gemüse nun in den Gärtopf oder in die Einmachgläser füllen. Gut festdrücken, mit Wasser befüllen und mit einem Stein oder einer Einlage beschweren. Den Deckel darauf geben oder festschrauben und für mindestens eine Woche fermentieren lassen.

Fermentiertes asiatisches Gemüse

1 Blumenkohl, ohne Strunk, in kleine Röschen geteilt

1 Brokkoli, ohne Strunk, in kleine Röschen geteilt

2 Zwiebeln, fein gehackt

3 Knoblauchzehen, gepresst

3 Möhren, geschält, geraspelt

2 TL Kurkuma

2 TL Currypulver

2 TL Pfeffer

2 TL Koriander

1 TL Kümmel

Saft von 3 Zitronen

500 – 700 ml Wasser

1 Prise Salz

Alles Gemüse in einer Schüssel etwas salzen und für ein bis zwei Stunden ziehen lassen.

In einem Hochleistungsmixer die Zwiebeln, den Knoblauch und die Gewürze mit dem Zitronensaft zu einer Paste herstellen.

Das Gemüse mit diesem Dressing übergießen. Wieder kurz ziehen lassen.

Das Gemüse nun in den Gärtopf oder in die Einmachgläser füllen. Gut festdrücken, mit Wasser befüllen und mit einem Stein oder einer Einlage beschweren. Den Deckel darauf geben oder festschrauben und für mindestens eine Woche fermentieren lassen.

Salat mit fermentierter Roter Bete

150 g Blattspinat

50 g Vogerlsalat

2 Handvoll Linsensprossen

6 Stück Rote Bete, ohne Stielansatz, fein gehobelt

Saft von 2 Zitronen

2 EL Salz

etwas Olivenöl

Die Rote Bete in den Gärtopf oder in die Einmachgläser füllen. Mit dem Salz bestreuen. Gut festdrücken, mit Wasser befüllen und mit einem Stein oder einer Einlage beschweren. Den Deckel darauf geben oder festschrauben und für mindestens eine Woche fermentieren lassen.

Das Olivenöl und den Zitronensaft zu einem Dressing vermischen.

Den Salat mit den Sprossen mischen, mit dem Dressing übergießen und mit etwas gegärter Roter Bete servieren.

Frühstücksoptionen

Mit Rohkost können Sie sehr gut in den Tag starten, denn die frischen und knackigen Optionen versorgen Sie bestens mit wichtigen Vital- und Nährstoffen. Die leichten Mahlzeiten wirken in der Früh auch nicht belastend auf Ihren Stoffwechsel. So haben Sie genug Schwung für den ganzen Vormittag. Der Vorteil der Rohkostfrühstücksoptionen ist auch, dass es ruckzuck geht. Gerade in der heutigen Zeit ist das ein Vorteil, weil wir am Morgen oft nicht sehr viel Zeit haben. Zwischen sich für den Job fertigmachen und ins Büro gehen liegen oft nur 30 bis 45 Minuten.

Bei der Vielfalt und dem Geschmack werden dabei keine Abstriche gemacht: Sie können Müsli, Brote, Pflanzenmilch und Nussjoghurt sowie rohe Eier genießen.

Für die Müslis und Brote können Sie einen größeren Vorrat an Getreide- oder Pseudogetreidesprossen keimen. Der Keimprozess dauert bei den meisten Sorten einige Tage, und wenn Sie größere Mengen auf einmal herstellen, haben Sie weniger Aufwand. Im Kühlschrank lassen sich die Sprossen sehr gut für einige Tage aufbewahren. Daumen mal Pi rechnen Sie pro Portion ca. 50 – 75 g für Müslis und Brote.

Auch grüne Smoothies sind als rohköstliche Frühstücksvarianten sehr beliebt. Sie sind wirkliche Kraftcocktails für den ganzen Tag und in weniger als fünf Minuten im Hochleistungsmixer zubereitet. Die Mixgetränke bestehen aus grünem Blattgemüse, Wasser (oder ungesüßter Pflanzenmilch), nicht zu süßen Obstsorten und Wildkräutern. Es gibt dabei unendlich viele Varianten: vom Himbeersmoothie mit Blattspinat über einen grünen Smoothie mit Gemüse bis hin zum Mangosmoothie.

Ein Smoothie ist dabei nicht als „Getränk" anzusehen, sondern als eine Mahlzeit. Als solche sollte er auch behandelt werden: langsam getrunken und zerkaut. Gerade weil er als sämiger Gemüsebrei getrunken wird, ist er sehr einfach verdaulich und belastet deshalb am Morgen unseren Verdauungsapparat nicht. Auch als Snack eignet er sich toll. Für die Smoothies brauchen Sie im Grunde keine Süße, denn durch die Obstsorten sind sie schon gesüßt. Der gesundheitliche Vorteil von grünen Smoothies ist auch, dass das dunklere Pflanzengrün sehr viele Bitterstoffe enthält, die sich positiv auf unser Wohlbefinden auswirken. Genießen Sie die Smoothies also ungesüßt.

Buchweizen-Frühstück

150 g Buchweizen, gekeimt

200 g Blaubeeren

2 EL Honig

Saft 1 Zitrone

40 g Pistazien, fein gehackt

In einem Hochleistungsmixer die Blaubeeren mit dem Honig und Zitronensaft zu einem Mus verarbeiten.

In einer Schüssel den Buchweizen und das Mus vermischen. Zum Schluss noch die Pistazien darüber streuen.

Quinoa-Frühstück

200 g Quinoa, gekeimt

200 g Erdbeeren

5 EL Leinsamen, geschrotet

1 Prise Stevia

Saft von 2 Orangen

In einem Hochleistungsmixer die Erdbeeren mit Stevia und Orangensaft zu einem Mus verarbeiten.

In einer Schüssel die Quinoa, die Leinsamen und das Beerenmus gut miteinander vermischen.

Chiapudding

15 EL Chiasamen

500 ml Wasser

1 TL Kakao

20 g Sonnenblumenkerne

200 g Beeren Ihrer Wahl

2 EL Honig

In einer Schüssel die Chiasamen im Wasser für ca. 30 Minuten quellen lassen oder besser über Nacht.

In einem Hochleistungsmixer die Beeren mit dem Honig zu einem Mus verrühren.

In hohen Gläsern zuerst eine Schicht Chiasamen und dann Beeren aufschichten. Zum Schluss noch mit Kakao und Sonnenblumenkernen bestreuen.

Hirse-Frühstück

150 g Hirse, gekeimt

4 Tomaten, ohne Stielansatz, in feine Streifen geschnitten

2 Avocados, geschält, entsteint, in feine Streifen geschnitten

20 Oliven, entkernt

½ Stange Staudensellerie, in feine Streifen geschnitten

½ Handvoll frischer Schnittlauch, fein gehackt

Saft von 2 Zitronen

In einer Schüssel alle Zutaten gut miteinander vermischen. Nun mit dem Zitronensaft beträufeln und mit Schnittlauch garnieren.

Buchweizen-Müsli

150 g Buchweizen, gekeimt

250 ml Pflanzenmilch (gekauft oder selbst hergestellt)

2 Bananen, geschält

1 Granatapfel, geschält, nur die Kerne

2 EL Hanfsamen

In einer Schüssel alle Zutaten gut miteinander vermischen.

Süßer Ei-Shake

4 Eier, roh

2 Äpfel, entkernt

1 Banane, geschält

5 EL Butter

Saft 1 Orange

jeweils 1 Prise Zimt und Nelken

1 Prise Stevia

Alle Zutaten in einem Hochleistungsmixer gut miteinander vermischen.

Deftiger Ei-Shake

4 Eier, roh

5 EL Butter

1 Avocado, geschält, entsteint

1 Handvoll frische Petersilie, fein gehackt

jeweils 1 Prise Kurkuma, Ingwer und schwarzer Pfeffer

Alle Zutaten in einem Hochleistungsmixer gut miteinander vermischen.

Haferflocken mit Kakao

60 g Haferflocken

150 g Datteln, entkernt, halbiert

50 g Sonnenblumenkerne

10 EL Kakao

1 Prise Zimt

Die Datteln in einer kleinen Schüssel für ca. 30 Minuten bis eine Stunde einweichen, bis sie sehr weich sind. Dann das Wasser abseihen.

In einem Hochleistungsmixer alle Zutaten miteinander zu einem Porridge mischen.

Mit einer Prise Zimt bestreut servieren.

Bananen-Küchlein

2 Bananen, geschält, zu einem Mus mit einer Gabel zerdrückt

1 Birne, ohne Kerngehäuse, gewürfelt

4 TL Hanfsamen

2 EL Walnüsse, fein gehackt

2 EL Sonnenblumenkerne

Alle Zutaten in einer Schüssel gut miteinander zu einem Teig vermengen. Zu kleinen, runden Küchlein formen.

Im Dörrgerät oder auf einem mit Backpapier ausgelegten Backblech im Backofen bei max. 42 Grad für einige Stunden trocknen lassen.

Buchweizen mit Bananen

200 g Buchweizen, gekeimt

2 Bananen, geschält

3 Datteln, entsteint, gehackt

2 EL Kakaopulver

2 EL Leinsamen, geschrotet

400 ml Pflanzenmilch (gekauft ungesüßt oder selbst hergestellt)

Alle Zutaten in einer Schüssel mit der Milch vermengen. Kurz aufgehen lassen und dann genießen.

Süßer Bananentraum

3 Bananen, geschält

10 Datteln, entkernt

5 EL Paranüsse, fein gehackt

2 EL Kokosraspel

400 ml Pflanzenmilch (gekauft ungesüßt oder selbst hergestellt)

jeweils 1 Prise Zimt und Nelken

Alle Zutaten in einer Schüssel mit der Milch vermengen. Nach Belieben mit Zimt und Nelken würzen. Für kurze Zeit ziehen lassen, bis alles gut zu einem Brei vermischt ist.

Mandel-Müsli

100 g Mandeln, gerieben

300 ml Mandelmilch

1 Banane, geschält, gewürfelt

1 Birne, ohne Kerngehäuse, gewürfelt

1 Orange, geschält, entkernt, gewürfelt

4 EL Kokosflocken

2 EL Hanfsamen

2 EL Sonnenblumenkerne

1 Prise Stevia

Alle Zutaten miteinander in einer Schüssel zu einem Müsli vermengen.

Honigmelonen-Smoothie

250 g Spinat

50 g Löwenzahn

2 Honigmelonen, geschält, entkernt

1 Banane, geschält

1 TL Leinsamen

400 ml Pflanzenmilch

Alle Zutaten in einem Hochleistungsmixer zu einem sämigen Smoothie gut miteinander vermixen.

Banane-Apfel-Smoothie

200 g Kale

100 g Spinat

2 Bananen, geschält

1 Apfel, ohne Kerngehäuse, gewürfelt

3 Datteln, entsteint

400 ml Pflanzenmilch

Alle Zutaten in einem Hochleistungsmixer zu einem sämigen Smoothie gut miteinander vermixen.

Grüner Smoothie mit Chlorella

300 g Blattspinat

1 Stange Staudensellerie, fein geschnitten

3 Birnen, geschält, ohne Kerngehäuse

jeweils 1 Prise Kurkuma, Zimt und Nelken

½ TL Chlorellapulver

400 ml Kokosmilch

4 Datteln, entsteint

Alle Zutaten in einem Hochleistungsmixer zu einem sämigen Smoothie pürieren.

Roter Smoothie mit Granatapfel

150 g Blattspinat

150 g Feldsalat

2 Bananen, geschält

2 Granatäpfel, geschält, entkernt

1 Handvoll Alfalfasprossen

2 Datteln, entkernt

400 ml Mandelmilch

Alle Zutaten in einem Hochleistungsmixer zu einem sämigen Smoothie pürieren.

Früchtemüslibrot

100 g Buchweizen, gekeimt

2 Bananen, weich, geschält, gewürfelt

2 Birnen, weich, geschält, gewürfelt

60 g Rosinen, Cranberrys oder andere Trockenfrüchte, fein gehackt

50 g Haselnüsse, fein gehackt

Alle Zutaten in einem Hochleistungsmixer zu einer feinen Masse vermischen.

Ein Backblech mit Backpapier auslegen und mit maximal 50 Grad trocknen oder im Dörrautomaten trocknen. Nach etwa 45 Minuten bis einer Stunde vom Backblech oder aus dem Dörrautomaten nehmen, auskühlen lassen und genießen.

Cashewmus mit Obstsalat

350 g Cashewkerne

50 ml Wasser

1 Birne, ohne Kerngehäuse, geraspelt

1 Möhre, geschält, geraspelt

1 Apfel, ohne Kerngehäuse, geraspelt

Saft von 1 Orange

1 Prise Zimt

2 Datteln, entsteint

Die Cashewkerne mit dem Wasser in einem Hochleistungsmixer zu einer feinen Masse vermischen.

In einer Schüssel alle Zutaten miteinander vermischen.

In einem Glas das Cashewmus als erste Schicht hineinstreichen und den Obstsalat darauf türmen.

Mandelmus mit Kirschen

350 g Mandeln

30 g Mohn, gerieben

50 – 70 ml Wasser

200 g Kirschen, entsteint

Rohkost Rezepte

Saft von 1 Orange

6 Datteln, entsteint

Die Mandeln mit dem Wasser in einem Hochleistungsmixer zu einer feinen Masse verarbeiten.

In einer Schüssel alle anderen Zutaten miteinander vermischen.

In einem Glas das Mandelmus als erste Schicht hineinstreichen und die Kirschmasse darauf türmen.

Salate, Suppen und Brot

Bei Salaten und Suppen können Sie aus einer reichen Vielfalt an Gemüse- und Obstsorten sowie gekeimtem Getreide und Sprossen und Keimlingen greifen. Die Natur hat sehr viele Möglichkeiten, und Sie werden erstaunt sein, zu welchen interessanten Kombinationen Rohkost herhält. Salate sollten immer mit kalt gepressten Ölsorten zubereitet werden: darunter fällt Lein-, Avocado- oder Olivenöl. Zusammen mit Essig und Kräutern zählen sie zu den Klassikern der Rohkostküche. Zu Suppen können Sie auch gedörrte Gemüsechips reichen, um noch mehr Rohkost beizumischen.

Beim Brotbacken können Sie entweder auf ein Dörrgerät setzen oder Ihren Ofen verwenden. Hierzu schalten Sie einfach die niedrigste Stufe, meistens 50 Grad, auf. Im Dörrgerät brauchen die Brote zwischen 6 bis 12 Stunden. Bereiten Sie sie am besten morgens zu und timen Ihren Dörrautomaten. Oder stellen Sie diese Brotvariationen abends her, damit Ihre Brote über Nacht trocknen. Im Backofen sollten Sie Ihre Brote immer überwachen und zu Hause anwesend sein.

Avocadosalat

200 g Blattspinat

4 Avocados, geschält, entkernt, in feine Scheiben geschnitten

30 Cocktailtomaten, halbiert

5 Möhren, geschält, geraspelt

½ Stange Staudensellerie, ohne Strunk, fein geschnitten

¼ Bund frischer Koriander, fein gehackt

Saft 1 Zitrone

Rohkost Rezepte

etwas Olivenöl

etwas Salz und Pfeffer zum Abschmecken

In einer Schüssel alle Zutaten gut miteinander vermengen.

Pilzsalat

200 g Champignons, gewürfelt

150 g Eisbergsalat, gerissen

1 Möhre, geschält, geraspelt

50 g Haselnüsse, fein gehackt

Saft von 2 Zitronen

etwas Salz

2 EL Apfelessig

2 EL Avocadoöl

½ Handvoll frischer Thymian, fein gehackt

In einer Schüssel die Champignonwürfel kurz im Zitronensaft und im Salz ziehen lassen. In einer separaten Schüssel alle Zutaten gut miteinander vermischen.

Quinoasalat

200 g Quinoa, gekeimt

150 g Radicchio

50 g Löwenzahn

3 Paprikaschoten, ohne Stielansatz, entkernt, ohne Venen, in feine Streifen geschnitten

½ Handvoll frischer Schnittlauch, fein gehackt

Saft von 2 Orangen

3 EL Olivenöl

etwas Salz und Pfeffer zum Abschmecken

Alle Zutaten in einer Schüssel gut miteinander vermischen.

Mangosalat

4 Mangos, geschält, entsteint, in feine Streifen geschnitten

2 Möhren, geschält, geraspelt

2 Gurken, geschält, geraspelt

2 Chilis, entkernt, fein gehackt

50 g Erdnüsse

Saft von 2 Orangen

4 EL Sojasoße

2 EL Reissirup oder Agavensirup

Alle Zutaten in einer Schüssel gut miteinander vermengen.

Fenchel-Orangensalat

1 Fenchelknolle, ohne Strunk, geraspelt

200 g Vogerlsalat

1 Orange, geschält, entkernt, in feine Streifen geschnitten

2 Möhren, geschält, geraspelt

Saft von 2 Orangen

2 EL Leinöl

etwas Salz zum Abschmecken

Alle Zutaten in einer Schüssel gut miteinander vermengen.

Rote-Bete-Salat

4 Stück Rote Bete, geschält

20 Oliven, entsteint

10 Cocktailtomaten

1 Zwiebel, fein gehackt

50 g Walnüsse, fein gehackt

2 EL Apfelessig

2 EL Balsamicoessig

1 Schuss Olivenöl

etwas Salz und Pfeffer zum Abschmecken

Die Rote Bete im Spiralschneider zu Gemüsezoodles verdrehen.

In einer großen Schüssel alle Zutaten gut miteinander vermischen.

Salz und Pfeffer hinzugeben, mit dem Essig und Öl noch etwas abschmecken. Die Walnüsse unter den Salat mischen.

Spargel-Fenchel-Salat

30 Stück Spargel, in kleine Stückchen geschnitten

1 Knolle Fenchel, ohne Strunk, in feine Streifen geschnitten

2 Avocados, geschält, entsteint, gewürfelt

Saft 1 Zitrone

1 Schuss Leinöl

etwas Salz und Pfeffer zum Abschmecken

Den Zitronensaft mit dem Leinöl in einer kleinen Schüssel mixen.

Alle Zutaten in einer großen Schüssel miteinander vermischen und bei Bedarf noch einmal mit Salz und Pfeffer abschmecken.

Gazpacho

12 Tomaten, ohne Stielansatz, gewürfelt

½ Stange Staudensellerie, ohne Strunk, fein geschnitten

1 Gurke, geschält, geraspelt

1 Zwiebel, fein gehackt

etwas Olivenöl

etwas Salz und Pfeffer zum Abschmecken

Alle Zutaten außer dem Öl in einem Hochleistungsmixer zu einer kalten Suppe miteinander vermischen.

In Schälchen füllen und mit etwas Olivenöl und Salz und Pfeffer abgeschmeckt servieren.

Kalte Gurken-Avocado-Suppe

2 Gurken, geschält

3 Avocados, geschält, entsteint

Rohkost Rezepte

2 Zwiebeln, fein gehackt

300 ml Wasser

1 Handvoll frische Petersilie, fein gehackt

Saft 1 Zitrone

etwas Olivenöl

etwas Salz und Pfeffer zum Abschmecken

Alle Zutaten, bis auf die Gewürze und das Olivenöl in einem Hochleistungsmixer pürieren.

Mit den Gewürzen, dem Zitronensaft abschmecken, und mit der Petersilie garnieren und mit Olivenöl beträufeln.

Kalte Zucchinisuppe

2 Zucchini, ohne Stielansatz, gewürfelt

350 ml Wasser

½ Stange Lauch, fein gehackt

1 Zwiebel, fein gehackt

1 Knoblauchzehe, fein gehackt

1 Zweig Thymian, fein gehackt

1 EL Sonnenblumenkerne

1 Prise Paprikapulver (scharf oder edelsüß)

etwas Salz und Pfeffer zum Abschmecken

Die Zucchiniwürfel in einer Schüssel kurz salzen und etwas ziehen lassen.

Alle Zutaten, bis auf die Kräuter, Samen und Gewürze in einem Hochleistungsmixer pürieren. Es soll eine cremige Konsistenz erreicht werden.

Mit den Gewürzen abschmecken und beim Servieren mit Thymian und Sonnenblumenkernen garnieren.

Maisbrot

4 Maiskolben

3 EL Hanfsamen, geschält oder ungeschält, nach Wahl

1 EL kalt gepresstes Leinöl

Salz, Paprikagewürz

optional: 2 EL Hefeflocken, Chilipulver oder Cayennepfeffer

Die Maiskolben mit einem scharfen Messer bearbeiten und die Körner herunterschneiden.

In einem Hochleistungsmixer alle Zutaten miteinander vermengen, bis eine feine Masse entsteht.

Auf ein mit Backpapier ausgelegtes Backblech streichen und auf der niedrigsten Stufe backen oder in den Dörrautomaten geben. So lange im Ofen oder im Dörrautomaten trocknen, bis die Masse getrocknet ist.

In dünne Brotstreifen schneiden.

Brot mit Chiasamen

200 g Buchweizen, gekeimt

Rohkost Rezepte

200 g Haselnüsse, fein gehackt

6 Möhren, geschält, geraspelt

3 EL Chiasamen

2 EL Haferflocken, gerieben

½ Handvoll frischer Rosmarin, fein gehackt

In einem Hochleistungsmixer alle Zutaten miteinander vermengen, bis eine feine Masse entsteht.

Auf ein mit Backpapier ausgelegtes Backblech streichen und auf der niedrigsten Stufe backen oder in den Dörrautomaten geben. So lange im Ofen oder im Dörrautomaten trocknen, bis die Masse getrocknet ist.

In dünne Brotscheiben schneiden.

Leinsamen-Thymianbrot

2 Zucchini, ohne Stielansatz, geschält, geraspelt

1 Zwiebel, fein gehackt

1 Knoblauchzehe, gepresst

150 g Leinsamen, geschrotet (am besten frisch selbst im Mixer)

¼ Handvoll frischer Thymian, fein gehackt

etwas Salz und Pfeffer

Alle Zutaten in einem Hochleistungsmixer zu einer feinen Masse vermengen.

Auf ein mit Backpapier ausgelegtes Backblech streichen oder in den Dörrautomaten geben. Im Backofen bei der niedrigsten Stufe oder im Dörrautomaten einige Stunden bei 42 Grad trocknen.

Herausnehmen und in feine Brotstreifen schneiden.

Zucchinibrot

1 Zucchini, ohne Stielansatz, geraspelt

100 g Leinsamen

100 g Sonnenblumenkerne

100 g Buchweizen, gekeimt

50 ml Wasser

2 EL Olivenöl

1 EL Lein- oder Chiasamen

1 Prise Salz

Alle Zutaten in einem Hochleistungsmixer zu einem Teig vermixen.

Dann zu einem Brotlaib formen.

Auf ein mit Backpapier ausgelegtes Backblech streichen oder in den Dörrautomaten geben. Im Backofen bei der niedrigsten Stufe und im Dörrautomaten einige Stunden bei 42 Grad trocknen.

Herausnehmen und in feine Brotstreifen schneiden.

Rohkostaufstriche für die Brote

Es muss nicht immer ein Aufstrich aus Cashewkernen sein. Cashews werden deswegen so gerne für rohköstliche Aufstriche und Käse verwendet, weil sie keinen starken Eigengeschmack haben. Jede Nuss- oder Samenart hat einen anderen Eigengeschmack. Es lohnt sich sehr, hier mit den verschiedenen Sorten zu experimentieren! Am besten setzen Sie hier auf Hochleistungsmixer, um auch wirklich eine

Rohkost Rezepte

cremige Konsistenz zu erreichen. Falls etwas Flüssigkeit fehlt, können Sie nach und nach etwas Wasser dazu gießen.

Nüsse/Samen	deftig	süß
300 g Macadamianüsse	1 Prise Kurkuma 1 Prise Curry 1 Prise Salz 1 Prise Pfeffer	2 Mangos, geschält 2 Datteln, entsteint
300 g Paranüsse	½ Sellerie, ohne Strunk 1 Zwiebel, fein gehackt 1 Prise Salz 1 Prise Pfeffer	passt nicht so gut, Paranüsse haben einen herben Eigengeschmack
300 g Erdnüsse, ungesalzen	2 Avocados, geschält 1 Prise Salz 1 Prise Pfeffer	passt nicht so gut, Erdnüsse haben einen herben Eigengeschmack
300 g Sonnenblumenkerne	5 getrocknete Tomaten 1 Zwiebel, fein gehackt 1 Knoblauch, gepresst etwas Schnittlauch	200 g Blaubeeren 10 Datteln, entsteint
300 g Cashewkerne	20 Oliven, entsteint 1 Prise Salz 1 Prise Pfeffer	200 g Himbeeren 10 Datteln, entsteint 1 Prise Zimt
300 g Mandeln	4 Paprika, gewürfelt 1 Knoblauch, gepresst Saft 1 Zitrone 1 Prise Salz 1 Prise Pfeffer	4 EL Kakaopulver 1 Prise Stevia Saft von 3 Orangen
300 g Hanfsamen	3 Möhren, geschält 1 Tomate, gewürfelt Saft 1 Zitrone 1 Prise Salz 1 Prise Pfeffer	10 Aprikosen, entsteint 4 Datteln, entsteint Saft von 3 Orangen

Hauptspeisen

Rohkost als Hauptspeise ist sehr erfrischend und liegt leicht im Magen. Sie können hier ebenfalls mit sehr vielen Lebensmitteln experimentieren: Von Gemüse und Obst bis hin zu Getreidesorten, Keimen, Sprossen, Nüssen und Samen können Sie so Einiges zu einer Hauptmahlzeit zubereiten.

Gefüllte Gurken

4 Gurken, der Länge nach halbiert

6 Möhren, geschält, geraspelt

4 Tomaten, fein gewürfelt

½ Handvoll frischer Schnittlauch, fein gehackt

200 g Cashewkerne

2 TL Bierhefe

Saft von 2 Zitronen

etwas Salz und Pfeffer zum Abschmecken

Die Cashewkerne über Nacht in etwas Wasser einweichen. Am nächsten Morgen das Einweichwasser wegschütten und abspülen. In einem Hochleistungsmixer mit dem Zitronensaft, der Bierhefe, dem Schnittlauch und etwas Salz und Pfeffer vermengen. Daraus sollte ein cremiger Rohkostkäse entstehen.

Die Gurken vorsichtig mit einem Messer und/oder Löffel aushöhlen.

In die Höhle zuerst den Käse streichen und dann mit den Möhren- und Tomatenraspeln bedecken.

Rohkost Rezepte

Gefüllte Tomaten

4 große Tomaten

2 Avocados, geschält, entsteint, gewürfelt

1 Stück Brokkoli, ohne Stielansatz, in feine Röschen geteilt

50 g Kale

1 Zwiebel, fein gehackt

1 Knoblauchzehe, gepresst

1 Handvoll Sprossen

1 Handvoll frischer Schnittlauch, fein gehackt

Salz und Pfeffer zum Abschmecken

Die Tomaten am oberen Ende vorsichtig mit einem Messer köpfen. Dann mit einem Löffel und/oder einem Messer aushöhlen. Das Fruchtfleisch aufheben.

In einer Schüssel alle Zutaten gut miteinander zu einer Creme vermischen.

Mit einem Löffel vorsichtig in die Höhlen streichen. Zum Schluss den Deckel wieder daraufsetzen.

Rohkosttatar

1 Zucchini, ohne Stielansatz, geschält, geraspelt

1 Tomate, ohne Stielansatz, fein geschnitten

10 Radieschen, geschält, geraspelt

4 Avocados, geschält, entkernt, gewürfelt

6 Möhren, geschält, geraspelt

Saft von 2 Zitronen

2 Knoblauchzehen, gepresst

etwas Salz und Pfeffer zum Abschmecken

Das Avocadofruchtfleisch mit der Knoblauchzehe, dem Zitronensaft und etwas Salz und Pfeffer mit einer Gabel zu einem feinen Mus zerquetschen.

In zwei größere oder vier kleinere runde Schälchen das Gemüse in Schichten anrichten: Zuerst eine Schicht Möhren, dann Avocados, dann Radieschen, dann Avocados und zum Schluss mit Tomaten dekorieren.

Gemüse-Wraps

6 Kohlblätter

2 Stück Rote Bete, geschält, fein geraspelt

3 Möhren, geschält, fein geraspelt

1 Gurke, geschält, fein geraspelt

1 Handvoll Alfalfasprossen

¼ Bund frischer Dill, fein gehackt

200 g Kichererbsen, gekeimt

2 EL Petersilie, gehackt

1 Knoblauchzehe, gepresst

Saft 1 Zitrone

1 Prise Kümmel

6 Zahnstocher

In einem Hochleistungsmixer die Kichererbsenkeime, die Petersilie, die Knoblauchzehe, den Kümmel und den Zitronensaft kurz zu einer Masse mixen. Aus der Masse Kügelchen formen.

Die Kohlblätter waschen und ausrollen. Dann eine Kichererbsenkugel und das Gemüse nach Belieben vorsichtig mit einem Löffel darauf geben. Zum Schluss die Seiten einschlagen und aufrollen. Mit einem Zahnstocher fixieren.

Kürbiszoodles mit Rohlachs

1 Stück Hokkaidokürbis, geschält

4 Lachsscheiben, gewürfelt

1 Handvoll frischer Dill, fein gehackt

Saft von 2 Limetten

1 TL Balsamicoessig

6 EL Leinöl

Den Hokkaidokürbis vierteln und entkernen. Die Scheiben im Spiralizer festsetzen und zu Zoodles verdrehen.

In einer Schüssel alle anderen Zutaten außer dem Lachs zu einem Dressing vermengen.

Auf einem Teller die Kürbiszoodles anrichten, den Lachs untermischen und mit dem Dressing übergießen.

Champignon-Fenchel-Küchlein mit Avocadosoße

2 Fenchelknollen, ohne Strunk, in feine Streifen geschnitten

150 g Champignon, fein gewürfelt

4 Avocados, geschält, entsteint, gewürfelt

Saft von 2 Zitronen

½ Handvoll frische Minze, fein gehackt

50 ml Wasser

4 EL Olivenöl

etwas Salz und Pfeffer zum Abschmecken

Die Avocados mit dem Zitronensaft, der Minze, dem Wasser und dem Olivenöl in einem Hochleistungsmixer zu einer Soße vermengen.

In zwei größeren oder vier kleineren Schälchen den Fenchel und die Champignons übereinander türmen. Dann mit der Soße bedecken und servieren.

Gemüsezoodles mit Pesto

2 Stück Rote Bete, geschält

2 Möhren, geschält

1 Gurke, geschält

100 g Bärlauch

100 g Sonnenblumenkerne

5 EL Olivenöl

Saft von 2 Zitronen

etwas Salz und Pfeffer zum Abschmecken

Im Spiralschneider die Rote Bete, Möhren und Gurken zu dünnen Gemüsezoodles spiralisieren. Mit etwas Salz bestreuen.

In einem Hochleistungsmixer den Bärlauch, die Sonnenblumenkerne, das Öl, den Zitronensaft und etwas Salz und Pfeffer zu einem Pesto vermengen.

Die Zoodles auf dem Teller anrichten und mit dem Pesto bestreuen.

Kohlspaghetti mit Olivensoße

½ Kopf Rotkohl

300 g schwarze Oliven, entkernt

2 Paprikaschoten, ohne Stielansatz, entkernt, ohne Venen, gewürfelt

1 Knoblauchzehe, gepresst

Saft 1 Zitrone

etwas Olivenöl

etwas Salz und Pfeffer zum Abschmecken

In einem Hochleistungsmixer die Oliven mit etwas Öl, der Knoblauchzehe und dem Zitronensaft zu einer Pastete vermixen. Mit Salz und Pfeffer abschmecken.

Den Rotkohl durch den Spiralizer drehen, bis dünne Nudeln entstehen.

Die Rotkohlspaghetti auf einem Teller anrichten. Dann nach Belieben mit den Paprikaschoten und der Soße belegen.

Linsen-Burger

150 g Linsen, gekeimt

10 getrocknete Tomaten

4 Champignons, geputzt, gewürfelt

4 EL Hanfsamen

1 Zwiebel, fein gehackt

1 Knoblauchzehe, gepresst

½ Handvoll frischer Schnittlauch, fein gehackt

1 Schuss Sojasoße

20 Eisbergsalatblätter

1 Handvoll Alfalfasprossen

5 Tomaten, ohne Stielansatz, in dicke Scheiben geschnitten

etwas Olivenöl

Alle Zutaten in einem Hochleistungsmixer zu einem festeren Teig vermischen.

Nun aus der Masse etwa 5 große Burger formen. Für einige Stunden im Dörrgerät oder im Backofen auf 42 Grad trocknen lassen. Herausnehmen.

Jeweils zwei Salatblätter als Boden nehmen, darauf eine Tomatenschicht und eine Sprossenschicht türmen. Dann die Burger darauflegen und mit zwei weiteren Salatblättern schließen.

Asiatische Linsenspeise

100 g Linsen, gekeimt

2 Mangos, geschält, entsteint

1 Möhre, ohne Stielansatz, geschält, geraspelt

Rohkost Rezepte

50 g Kokosraspel

60 g Sonnenblumenkerne

½ Handvoll frischer Koriander, fein gehackt

100 ml Pflanzenmilch (gekauft ungesüßt oder selbst hergestellt)

jeweils 1 Prise Kurkuma, Currypulver und Senf

In einem Hochleistungsmixer alle Zutaten, bis auf die Möhren gut zu einer flüssigen Linsenspeise vermischen.

Servieren und nach Belieben die Möhrenraspeln und Sonnenblumenkerne darüber streuen.

Blumenkohl-Tabouleh

2 Stück Blumenkohl, ohne Strunk

5 Tomaten, ohne Stielansatz, gewürfelt

1 Gurke, geschält, geraspelt

1 Zwiebel, fein gehackt

1 Knoblauchzehe, gepresst

½ Handvoll frischer Koriander, fein gehackt

3 EL Olivenöl

etwas Salz und Pfeffer zum Abschmecken

In einem Hochleistungsmixer den trockenen Blumenkohl zu einem feinen Gemüsereis pürieren. In eine Schüssel geben und mit der Zwiebel, Knoblauch, Olivenöl und etwas Salz und Pfeffer mischen. Kurz ziehen lassen.

Nun die restlichen Zutaten dazu mischen.

Blumenkohlreis orientalisch

2 Stück Blumenkohl, ohne Strunk

1 Gurke, geschält, geraspelt

½ Stange Staudensellerie, fein geschnitten

1 Möhre, geschält, geraspelt

1 Zwiebel, fein gehackt

1 Knoblauchzehe, gepresst

½ Handvoll frische Minze, fein gehackt

60 g Rosinen oder Sultaninen

1 Prise Kurkuma

1 Schuss Sojasoße

1 EL Honig

3 EL Olivenöl

etwas Salz und Pfeffer zum Abschmecken

In einem Hochleistungsmixer den trockenen Blumenkohl zu einem feinen Gemüsereis pürieren. In eine Schüssel geben und mit der Zwiebel, Knoblauch, Kurkuma, der Sojasoße, dem Honig, Olivenöl und etwas Salz und Pfeffer mischen. Kurz ziehen lassen.

Nun die restlichen Zutaten gut untermischen.

Spargelnudeln mit Rohlachs

10 Stangen Spargel

Rohkost Rezepte

150 g Rohlachs, in feine Streifen geschnitten

100 g Rucola

20 Cocktailtomaten

5 Gewürzgurken (aus dem Glas, ohne Essig)

Saft 1 Zitrone

5 EL Olivenöl

Den Spargel am holzigen Ende putzen und im Spiralschneider in feine Zoodles schneiden.

In einem Hochleistungsmixer die Gewürzgurken, den Zitronensaft und das Olivenöl zu einem Dressing vermengen.

In eine Schüssel den Rucola geben, danach den Lachs, die Cocktailtomaten und das Dressing und alles gut miteinander vermischen. Am Ende noch die Spargelzoodles dazugeben.

Kohlrabizoodles mit Pinienkernsoße

4 Stück Kohlrabis, geschält

100 g Pinienkerne

Saft 1 Zitrone

5 EL Olivenöl

½ Handvoll frische Petersilie, fein gehackt

etwas Salz und Pfeffer zum Abschmecken

Die Kohlrabis im Spiralschneider zu Gemüsezoodles verdrehen. Mit etwas Salz bestreut kurz ziehen lassen.

Die restlichen Zutaten in einem Hochleistungsmixer zu einer Soße verarbeiten.

Auf einem Teller anrichten, mit der Soße bedecken und mit etwas Petersilie garniert servieren.

Kohlrabizoodles mit käsiger Nuss-Soße

4 Kohlrabis, geschält

100 g Erdnüsse

Saft von 2 Zitronen

2 EL Bierhefe

½ Handvoll frischer Dill, fein gehackt

1 Prise Kurkuma

Salz und Pfeffer zum Abschmecken

Die Kohlrabis im Spiralschneider zu Gemüsezoodles verdrehen. Mit etwas Salz bestreut kurz ziehen lassen.

Die restlichen Zutaten in einem Hochleistungsmixer zu einer Soße verarbeiten.

Auf einem Teller anrichten, mit der Soße bedecken und mit etwas Dill garniert servieren.

Rote-Bete-Ravioli mit Nusskäse

2 Stück Rote Bete, geschält

200 g Cashewkerne

1 Zwiebel, fein gehackt

1 Knoblauchzehe, gepresst

Saft von 2 Zitronen

3 EL Bierhefe

4 EL Olivenöl

1 Handvoll frischer Schnittlauch, fein gehackt

etwas Salz und Pfeffer zum Abschmecken

In einem Hochleistungsmixer alle Zutaten, bis auf die Rote Bete zu einem feinen Nusskäse miteinander vermengen.

Die Rote Bete entweder mit einem Messer in sehr dünne Streifen schneiden oder mit dem Gemüsehobel herunterhobeln. Die „Blätter" bilden die Ravioli.

Eine Scheibe Rote Bete mit einem Löffel in der Mitte vorsichtig mit dem Käse befüllen. Darauf eine zweite Scheibe Rote Bete legen und schließen.

Rohkost-Lasagne mit Tomatensoße

2 bauchige Zucchini, ohne Stielansatz

300 g Cashewkerne

1 Zwiebel, fein gehackt

1 Knoblauchzehe, gepresst

Saft von 2 Zitronen

6 Tomaten, ohne Stielansatz, gewürfelt

5 getrocknete Tomaten

3 EL Bierhefe

4 EL Olivenöl

3 Avocados, geschält, entsteint

2 Handvoll frisches Basilikum, fein gehackt

etwas Salz und Pfeffer zum Abschmecken

In einem Hochleistungsmixer die Cashewkerne, Zwiebel, Knoblauchzehe, den Zitronensaft, die Bierhefe und das Olivenöl zu einem feinen Nusskäse miteinander vermengen.

Die Zucchini der Länge nach mit einem Messer in sehr dünne Scheiben schneiden. Salzen und kurz ziehen lassen.

In einer Schüssel die Avocados mit dem Basilikum zu einem Pesto verarbeiten. Nach Belieben mit Salz und Pfeffer abschmecken.

In einem Hochleistungsmixer die Tomaten mit den getrockneten Tomaten und etwas Salz und Pfeffer zu einer Tomatensoße vermengen.

Auf einen Teller eine Scheibe Zucchini legen. Dann mit dem Cashewkäse bestreichen, danach eine Schicht Pesto, wieder eine Schicht Zucchini und so weiter, bis alle Zutaten verbraucht sind. Zum Schluss mit etwas Tomatensoße übergießen.

Rohkost-Pad Thai

2 bauchige Zucchini, ohne Stielansatz

2 dicke Möhren, geschält

2 Tomaten, ohne Stielansatz, gewürfelt

3 Zwiebeln, in feine Ringe geschnitten

½ Kopf Rotkraut, ohne Strunk, in feine Streifen geschnitten

Rohkost Rezepte

80 g Sojasprossen

½ Handvoll frischer Koriander, fein gehackt

einige gehackte Erdnüsse

3 TL Erdnussbutter

Saft von 2 Zitronen

2 EL Sojasoße

4 EL Sesamöl

Salz, Chiliflocken oder eine frische Chilischote, in feine Ringe geschnitten

Die Zucchini und Möhren mit dem Spiralschneider zu Gemüsezoodles verarbeiten.

In einer kleinen Schüssel den Zitronensaft, die Sojasoße, das Öl und die Erdnussbutter zu einem Dressing vermengen.

In einer größeren Schüssel das Kraut, die Zoodles, die Tomaten und die Zwiebeln vermengen. Nun den Koriander und die Sojasprossen dazugeben.

Das Dressing über die Gemüsemischung gießen.

Gefüllte Zucchini-Cannelloni

2 bauchige Zucchini, ohne Stielansatz

200 g Cashewkerne

10 getrocknete Tomaten

100 g Champignons, gewürfelt

1 Zwiebel, fein gehackt

1 Knoblauchzehe, gepresst

Saft von 2 Zitronen

jeweils 1 Prise Thymian und Dill

2 EL Olivenöl

Salz und Pfeffer zum Abschmecken

Die getrockneten Tomaten in etwas heißem Wasser einweichen, bis sie weich sind.

Die Zucchini mit dem Messer oder einem Gemüsehobel der Länge nach in dünne Scheiben schneiden. Daraus werden die gefüllten Cannelloni gemacht.

In einem Hochleistungsmixer die restlichen Zutaten pürieren. Nach Belieben mit Salz und Pfeffer abschmecken. Daraus entsteht eine Pilz-Nusskäse-Füllung.

Nun eine Zucchinischeibe ausrollen und mit der Füllung mit einem Löffel bestreichen. Die Zucchinischeibe aufrollen. Eventuell mit einem Zahlstocher fixieren. Danach die weiteren Zucchinischeiben herstellen.

Rote-Bete-Spaghetti

4 Stück Rote Bete, geschält

3 Tomaten, ohne Stielansatz, gewürfelt

100 g Sonnenblumenkerne

Saft 1 Zitrone

2 EL Olivenöl

1 Handvoll frisches Basilikum, fein gehackt

Salz und Pfeffer zum Abschmecken

Die Rote Bete mit einem Spiralschneider zu Gemüsespaghetti verdrehen. Kurz mit Salz bestreut ziehen lassen.

In einem Hochleistungsmixer die Sonnenblumenkerne mit den restlichen Zutaten vermengen. Dann als Soße über die Rote-Bete-Spaghetti geben.

Zum Schluss mit etwas Basilikum garniert servieren.

Avocado-Champignon-Speise

3 Avocados, geschält, entsteint, gewürfelt

150 g Champignons

1 Paprikaschote, ohne Stielansatz, entkernt, ohne Venen, in feine Streifen geschnitten

Saft 1 Zitrone

60 Kürbiskerne, fein gehackt

1 Handvoll frische Petersilie, fein gehackt

1 Prise Kurkumapulver

Alle Zutaten, bis auf die Kürbiskerne in einem Hochleistungsmixer zu einer feinen Creme pürieren.

Mit den Kürbiskernen und den Paprikastreifen garniert servieren.

Pizza mit Gemüse

200 g Quinoa, gekeimt

Cooking Club

1 Zucchini, ohne Stielansatz, geraspelt

3 EL Amarantmehl

3 Tomaten, ohne Stielansatz, gewürfelt

2 getrocknete Tomaten

1 Zwiebel, fein gehackt

1 Knoblauchzehe, gepresst

3 Paprikaschoten, ohne Stielansatz, entkernt, ohne Venen, in feine Streifen geschnitten

20 Oliven, entsteint, halbiert

10 Cocktailtomaten, halbiert

1 Prise Oregano

3 EL Olivenöl

etwas Salz und Pfeffer zum Abschmecken

Die Zucchini kurz mit etwas Salz bestreut ziehen lassen. Dann in einer Schüssel mit der gekeimten Quinoa und dem Mehl vermischen. Daraus einen Teig herstellen. Unter Umständen mehr Mehl dazu mischen, wenn er nicht fest genug ist.

Diese Masse auf ein mit Backpapier ausgelegtes Backblech streichen oder in den Dörrautomaten geben. Im Herd bei niedrigster Stufe trocknen lassen. Herausnehmen und abkühlen lassen.

Für die Tomatensoße in einem Hochleistungsmixer die Tomaten, getrocknete Tomaten, Knoblauchzehe und Zwiebel mit dem Olivenöl vermixen. Auf den Pizzaboden streichen.

Rohkost Rezepte

Nun die Paprikaschoten, Oliven und Cocktailtomaten als Belag darauf geben. Zum Schluss mit Oregano bestreuen.

Quinoa-Sushi

200 g Quinoa, gekeimt

4 Noriblätter

1 Möhre, geschält, in sehr feine Streifen geschnitten

1 Gurke, geschält, in sehr feine Streifen geschnitten

1 Avocado, geschält, entsteint, in sehr feine Streifen geschnitten

etwas Reisessig

1 Sushimatte

Ein Noriblatt auf der Sushimatte ausrollen. Nun auf die unteren zwei Drittel die gekeimte Quinoa geben. Darauf die restlichen Zutaten der Länge nach legen.

Mithilfe der Sushimatte einrollen. Ein scharfes Messer in den Reisessig tauchen und die Sushirolle erst in der Hälfte abschneiden und dann nochmals teilen, sodass 8 Sushirollen entstehen.

Gurken-Sushi

2 Gurken, an beiden Enden gleichmäßig abgeschnitten

1 Möhre, geschält, geraspelt

1 Avocado, geschält, entsteint, gewürfelt

100 g Cashewkerne

Saft von 1 Zitrone

3 EL Bierhefe

1 Prise Kurkuma

etwas Salz und Pfeffer zum Abschmecken

In einem Hochleistungsmixer die Cashewkerne mit dem Zitronensaft, der Bierhefe und der Kurkuma zu einer feinen Creme vermischen. Mit etwas Salz und Pfeffer abschmecken. In einer Schüssel mit den Möhren und der Avocado vermengen.

Die Gurken in ca. 3 cm dicke Scheiben schneiden und in der Mitte vorsichtig aushöhlen.

Mit einem Löffel die Gurken vorsichtig mit dem Gemüse-Nuss-Käse füllen.

Portobello-Burger

4 große Portobellos

4 EL Olivenöl

6 EL Sojasoße

100 g Cashewkerne

2 Paprikaschoten, ohne Stielansatz, entkernt, ohne Venen, in dicke Streifen geschnitten

1 Handvoll Alfalfasprossen

1 Knoblauchzehe, gepresst

Saft 1 Zitrone

4 Blatt Eisbergsalat

4 Scheiben frische Tomaten

In einer Schüssel die Portobellos von allen Seiten gut in einer Marinade aus Olivenöl und Sojasoße ziehen lassen.

Für ca. 3 Stunden in den Dörrautomaten geben oder bei der geringsten Stufe im Backrohr für einige Stunden garen.

Inzwischen in einem Hochleistungsmixer die Cashewkerne, den Zitronensaft und die Knoblauchzehe zu einem Käse vermischen.

Nun auf einem Teller 1 Portobello als „Burgerunterlage" hernehmen. Mit dem Cashewkäse bestreichen, dann eine Schicht Eisbergsalat und Tomatenscheiben darauf geben und am Ende mit den Sprossen belegen. Darauf einen zweiten Portobello als „Burgerdeckel" legen.

Gefüllte Portobellos

4 große Portobellos

8 Radieschen, in feine Scheiben geschnitten

2 Handvoll Radieschensprossen

200 g Cashewkerne

1 Zwiebel, fein gehackt

1 Knoblauchzehe, gepresst

150 ml Wasser

Saft von 3 Zitronen

1 EL Bierhefe

1 Handvoll frischer Thymian, fein gehackt

1 Prise Salz

8 EL Olivenöl

In einer Schüssel die Portobellos von allen Seiten gut in einer Marinade aus Olivenöl und den Saft von 2 Zitronen ziehen lassen.

Für ca. 3 Stunden in den Dörrautomaten geben oder bei der geringsten Stufe im Backrohr für einige Stunden garen.

Inzwischen in einem Hochleistungsmixer die Cashewkerne, das Wasser, den Saft 1 Zitrone, die Zwiebel, die Kräuter, die Bierhefe und die Knoblauchzehe zu einem Käse vermischen.

Die Portobellos mit dem Käse bestreichen, die Radieschenscheiben darauflegen und nach Belieben die Radieschensprossen darauf türmen.

Spargelzoodles

30 Stück Spargel, an beiden Enden abgeschnitten

4 Avocados, geschält, entsteint

8 Orangen, geschält, entkernt

½ Brokkoli, ohne Strunk, in kleine Röschen geteilt

½ Stange Sellerie, ohne Strunk, fein gehackt

jeweils 1 Prise Kurkuma, Koriander, Salz und schwarzer Pfeffer

Den Spargel mit dem Spiralschneider in feine Gemüsezoodles herunterdrehen.

Aus den Avocados, Orangen und den Gewürzen eine Creme herstellen.

In einer Schüssel alle Zutaten zu den Gemüsezoodles geben und gut vermischen.

Kohlrabi-Ravioli

6 Stück bauchige Kohlrabi, geschält

200 g Cashewkerne

Saft von 2 Zitronen

4 EL Bierhefe

1 Prise Kurkuma

2 Handvoll Brunnenkresse

etwas Wasser

etwas Salz und Pfeffer zum Abschmecken

Die Kohlrabis in sehr dünne Streifen schneiden. Sie bilden die Ravioli. Kurz mit etwas Salz bedeckt ziehen lassen.

Inzwischen in einem Hochleistungsmixer die Cashewkerne, das Wasser, den Zitronensaft, die Bierhefe und die Kurkuma zu einem Käse vermischen. Nach Belieben mit Salz und Pfeffer abschmecken.

Die Kohlrabistreifen auf einer Arbeitsfläche ausrollen. Mit dem Cashewkäse befüllen und dann mit der Brunnenkresse bedecken. Mit einem weiteren Kohlrabistreifen schließen.

Kürbis-Speise

2 Hokkaidokürbisse, geschält, entkernt, gewürfelt

4 Avocados, geschält, entsteint

4 Möhren, geschält, geraspelt

2 Knoblauchzehen, gepresst

100 ml Wasser oder Pflanzenmilch (gekauft ungesüßt oder selbst hergestellt)

Saft von 2 Zitronen

1 Handvoll frischer Koriander, fein gehackt

jeweils 1 Prise Kurkuma und Ingwer

2 Handvoll Kürbiskerne, fein gehackt

1 Schuss Kürbiskernöl

Alle Zutaten, bis auf die Kürbiskerne und Möhren in einem Hochleistungsmixer zu einer feinen Creme pürieren.

Beim Servieren die Kürbiskerne und Möhren darüber streuen. Mit etwas Kürbiskernöl beträufeln und mit Koriander garnieren.

Desserts

Bei den Nachspeisen müssen Sie als Rohkostfan auf nichts verzichten! Aus Nüssen und Samen lassen sich Pralinen, Torten, Müsliriegel, Nutella und andere Sachen herstellen. Mit einem Hochleistungsmixer können Sie diese Köstlichkeiten im Handumdrehen in Ihrer Küche herstellen.

Bei den rohköstlichen Desserts, die vor allem Nüsse und Samen als Basis haben, sollten Sie diese größeren Mengen an Lebensmitteln vor der Verarbeitung immer erst über Nacht einweichen. Am nächsten Tag schütten Sie dann das Einweichwasser weg. So werden Schmutzpartikel weggespült und die Nüsse und Samen weicher gemacht und dadurch für uns verdaulicher. Bei kleineren Mengen an Nüssen und Samen ist es normalerweise kein Problem, dass unser Magen sie gut verdaut. Bei größeren Mengen sollten wir unserem Körper jedoch nachhelfen.

Zu den Nachspeisen passt auch gut Tee oder Kaffee mit Pflanzenmilch. Diese können Sie sehr einfach zu Hause selbst in einem Hochleistungsmixer herstellen: Sie brauchen dazu lediglich ein Drittel Samen oder Nüsse Ihrer Wahl mit zwei Dritteln Wasser. Mixen Sie das kurz durch. Kleinere Reste können Sie durch ein Mulltuch oder sehr feines Sieb beziehungsweise einen Nussmilchbeutel sieben. Einen Nussmilchbeutel bekommen Sie in Onlineshops, die sich auf Rohköstler und Veganer spezialisiert haben oder im Reformhaus. Doch ein Mulltuch oder sehr feines Sieb tut es auch. Die selbst hergestellte Pflanzenmilch lässt sich entweder neutral genießen oder mit natürlichen Süßungsmitteln wie Stevia oder Datteln gesüßt. Dazu passt auch gut Zimt, Kardamom oder Nelken. Diese selbst hergestellte Pflanzenmilch können Sie für maximal eine Woche im Kühlschrank lagern.

Haselnuss-Orangen-Kugeln

300 g Haselnüsse, gerieben

10 EL Kakaopulver

1 Prise Vanille

20 Datteln, entkernt

Schale einer unbearbeiteten Orange

etwas Wasser

Die Datteln in etwas heißem Wasser ziehen lassen, bis sie weich sind. Das Wasser abgießen.

In einem Hochleistungsmixer die Haselnüsse mit 10 EL Kakaopulver, den Orangenschalen, der Vanille und den Datteln zu einem Mus vermengen. Unter Umständen etwas Wasser dazugeben, damit eine formbare Masse entsteht.

Aus der Masse kleine Kugeln formen und für ca. 30 Minuten, bis eine Stunde im Kühlschrank fest werden lassen.

Wer möchte, kann die Kugeln noch aufpeppen, und in etwas Kokosraspeln, Amarantflocken oder Quinoaflocken rollen.

Amarantriegel

50 g Amarant, gepufft

50 g Mandelblättchen

40 g Sonnenblumenkerne

25 g Rosinen

50 g Datteln

Rohkost Rezepte

50 g Butter

1 Prise Stevia

1 TL Zimt

Die Mandelblättchen, Sonnenblumenkerne, Datteln und den Amarant in eine große Schüssel geben. Den Zimt und die Rosinen hinzufügen und alles gut mischen.

Die Butter mit Stevia vermischen und langsam in die Schüssel mit den anderen Zutaten einrühren und gut miteinander vermengen.

Auf ein mit Butter bestrichenes Backblech zweifingerdick drücken, und im Dörrautomaten trocknen. Anschließend in Riegel schneiden.

Rohkost-Nutella

250 g Datteln, entsteint

200 g Haselnüsse, gerieben

10 EL Kakaopulver

100 – 120 ml Wasser

50 ml Pflanzenöl

Alle Zutaten in einem Hochleistungsmixer zu einem feinen Nutella miteinander vermixen.

Rohkost-Raffaello

300 g Kokosraspel

100 g Mandeln, gerieben

5 EL Reis- oder Agavensirup

1 TL Vanille

Saft ½ Zitrone

Alle Zutaten, bis auf die Kokosraspel in einem Hochleistungsmixer zu einer feinen Masse miteinander vermixen. Daraus Kugeln formen und in den Kokosraspeln wälzen.

Mandelkekse

300 g Mandeln, über Nacht eingeweicht

100 g Datteln, entkernt

4 EL Kokosraspel

4 EL Kakaopulver

Saft 1 Limette

etwas Wasser

Die Datteln in etwas heißem Wasser ziehen lassen, bis sie weich sind. Das Wasser abgießen.

Alle Zutaten, bis auf das Kakaopulver, die Kokosraspeln und den Limettensaft in einem Hochleistungsmixer zu einer Masse verarbeiten. Unter Umständen etwas Wasser dazugeben. Die Masse sollte sich ausrollen lassen.

Den Teig in zwei Teile teilen. Unter eine Hälfte das Kakaopulver und unter die andere den Limettensaft mit den Kokosraspeln mischen.

Mit einer Keksform die Kekse ausstechen und für einige Zeit im Kühlschrank fest werden lassen.

Datteln mit Nüssen

20 Datteln, entkernt

jeweils 1 Prise Zimt und Nelken

20 Walnusskerne oder Mandeln

Die Datteln in etwas heißem Wasser mit dem Zimt- und Nelkenpulver ziehen lassen, bis sie weich sind. Das Wasser abgießen.

Die Datteln in der Mitte aufschneiden, jeweils 1 Walnusskern oder 1 Mandel hineinlegen und schließen.

Sesam-Cracker

200 g weißer Sesam

100 g Kokosraspel

100 g Datteln, entsteint

10 EL Kakaopulver

Die Datteln in etwas heißem Wasser ziehen lassen, bis sie weich sind. Das Wasser abgießen.

In einem Hochleistungsmixer alle Zutaten zu einer festen Masse vermixen.

Nun in das Dörrgerät oder in den Backofen geben und für einige Stunden trocknen lassen.

Matcha-Limetten-Pralinen

250 g Mandeln, gerieben

3 EL Reis- oder Agavensirup

1 Prise Vanille

2 EL Matchapulver

Schale von zwei unbehandelten Limetten, geraspelt

Die Mandeln mit dem Sirup und der Vanille in einem Hochleistungsmixer zu feinem Marzipan pürieren. Eventuell noch etwas Wasser hinzugeben.

Die Masse halbieren. Eine Hälfte mit den Limettenraspeln mischen, die andere mit dem Matchpulver.

Aus der Matchamasse kleinere Kugeln formen. Diese mit einer Limettenschicht bedecken.

Im Kühlschrank etwas fest werden lassen.

Rohkost-Oreos

200 g Mandeln, über Nacht eingeweicht

50 g Kokosraspel

100 g Datteln, entkernt

5 EL Kakaopulver

100 g Cashewkerne

30 ml Kokosmilch

3 EL Reis- oder Agavensirup

Die Datteln in heißem Wasser einweichen, bis sie weich sind.

In einem Hochleistungsmixer die Mandeln, Kokosraspeln, Datteln und das Kakaopulver zu einer festen Masse vermischen. Eventuell etwas Wasser hinzuschütten.

Auf einer Arbeitsfläche zu einem Teig ausrollen und mit einem Glas runde Oreos ausstechen. Auf ein Backblech legen und im Kühlschrank ca. eine bis zwei Stunden fest werden lassen.

Rohkost Rezepte

Inzwischen den Mixer reinigen und die Cashewkerne mit der Kokosmilch und dem Sirup vermengen.

Jeweils eine Scheibe Oreo mit der Cashewcreme bestreichen und mit einer Scheibe Oreo schließen. Nochmals für ca. eine Stunde in den Kühlschrank stellen.

Mangosorbet

3 Mangos, geschält, entsteint

2 Bananen, geschält

250 ml Mandelmilch

Alle Zutaten in einem Hochleistungsmixer zu einem Mus vermengen.

Nun in Schälchen füllen und für ca. zwei bis drei Stunden im Gefrierfach fest werden lassen.

Cranberry-Brownies

300 g Walnüsse, gerieben

80 g Datteln, entkernt

10 EL Kakaopulver

1 EL Vanille

Schale einer unbehandelten Orange

50 g Cranberrys, gehackt

Die Datteln in etwas heißem Wasser ziehen lassen, bis sie weich sind. Das Wasser abgießen.

Alle Zutaten in einem Hochleistungsmixer miteinander vermengen. Unter Umständen etwas Wasser hinzugeben.

Die Masse in eine rechteckige Form gießen und im Kühlschrank fest werden lassen. Danach in kleine Häppchen schneiden und genießen.

Bananensorbet

5 Bananen, geschält, gefroren

200 ml Kokosmilch

1 TL Vanille

3 EL Kokosöl

In einem Hochleistungsmixer die Bananen mit allen anderen Zutaten vermengen.

Mousse au Chocolat

3 Avocados, geschält, entsteint, gewürfelt

7 Bananen, geschält

10 EL Kakao

10 Datteln, entkernt

5 Kirschen, entsteint

Alle Zutaten in einem Hochleistungsmixer zu einem feinen Mus vermengen.

In kleine Schälchen füllen und eine bis zwei Stunden in den Kühlschrank stellen.

Herausnehmen und mit den Kirschen garniert in hohen Gläsern servieren.

Rohkost Rezepte

Beerentarte

400 g Walnüsse oder Haselnüsse

250 g Datteln, entkernt

1 Prise Zimt

250 g Cashewkerne

50 g Blaubeeren

5 EL Reissirup oder Ahornsirup

2 EL Kokosöl

10 Blaubeeren als Dekoration

1 Kaki, in Sterne geschnitten

etwas Wasser

Die Datteln in etwas heißem Wasser ziehen lassen, bis sie weich sind. Das Wasser abgießen.

In einem Hochleistungsmixer die Nüsse, Datteln und den Zimt zu einem Teig vermengen. Unter Umständen etwas Wasser dazugeben. Die Masse sollte einen festen Teig für den Boden der Tarte bilden.

Eine runde Backform damit auslegen und für ca. eine Stunde im Kühlschrank fest werden lassen.

Den Mixer reinigen und nun die restlichen Zutaten zu einem Mus darin pürieren. Es sollte eine sehr cremige Konsistenz entstehen.

Die Backform aus dem Kühlschrank nehmen und mit der Beerencreme bestreichen. Noch einmal für ca. eine Stunde im Kühlschrank fest werden lassen.

Zum Schluss mit den Kakisternen und Blaubeeren dekorieren.

Möhrentarte

300 g Mandeln, gerieben

50 g Leinsamen, gerieben

15 Möhren, geschält, geraspelt

150 g Rosinen

Saft 1 Zitrone

jeweils 1 Prise Zimt, Nelken und Muskat

10 Mandeln, fein gehackt

Die Rosinen in etwas heißem Wasser ziehen lassen, bis sie weich sind. Das Wasser abgießen.

In einem Hochleistungsmixer die Mandeln, Leinsamen, Möhren und Rosinen zu einer Masse vermengen. Zum Schluss mit den Gewürzen und dem Zitronensaft abschmecken.

In einer runden Backform auslegen und ca. eine bis zwei Stunden im Kühlschrank fest werden lassen.

Zum Schluss noch mit etwas Mandeln dekorieren.

Impressum

Cooking Club wird vertreten durch:

Instyle Supply and Control Limited

20th Floor, Central Tower, 28

Queen's Road, Central, HK

Coverbilder

[creativelog] | [Fiverr]

Copyright © 2018 Cooking Club

Alle Rechte vorbehalten

Haftung für externe Links

Das Buch enthält Links zu externen Webseiten Dritter, auf deren Inhalt der Autor keinen Einfluss hat. Deshalb kann für die Inhalte externer Inhalte keine Gewähr übernommen werden. Für die Inhalte der verlinkten Webseiten ist der jeweilige Anbieter oder Betreiber der Webseite verantwortlich. Die verlinkten Seiten wurden zum Zeitpunkt der Verlinkung auf mögliche Rechtsverstöße überprüft. Rechtswidrige Inhalte waren zum Zeitpunkt der Verlinkung nicht erkennbar. Eine permanente inhaltliche Kontrolle der verlinkten Webseiten ist jedoch ohne konkrete Anhaltspunkte einer Rechtsverletzung nicht zumutbar. Bei Bekanntwerden von Rechtsverletzungen werden derartige Links umgehend entfernt.

www.ingramcontent.com/pod-product-compliance
Lightning Source LLC
Chambersburg PA
CBHW071413220526
45469CB00004B/1278